Revolution in der Bildung

AURORA AMORIS

REVOLUTION IN DER BILDUNG

Die Zukunft des Lernens mit KI

2025

Revolution in der Bildung

Aurora Amoris

Revolution in der Bildung

Aurora Amoris

AURORA AMORIS

REVOLUTION IN DER BILDUNG

Die Zukunft des Lernens mit KI

2025

INHALT

KAPITEL 1

Künstliche Intelligenz in der Bildung

1.1. Die Rolle der KI in der Bildung

Künstliche Intelligenz verändert die Bildung grundlegend durch neue Chancen und Herausforderungen. Im Bildungsbereich wird KI eingesetzt, um personalisiertes Lernen zu fördern, das Bildungsmanagement zu verbessern und konventionelle Lehrmethoden zu transformieren. Ihre Integration in Lernräume, Online-Strukturen und Verwaltungssysteme markiert den Beginn eines umfassenden Wandels hin zu einer nachhaltigeren, datenbasierten und zugänglicheren Ausbildung.

Das Potenzial der KI, enorme Datenmengen schnell zu verarbeiten, ermöglicht die Einführung dynamischer Lernumgebungen, die auf die individuellen Bedürfnisse der Studierenden zugeschnitten sind. KI kann Muster im Schülerverhalten, in der schulischen Leistung und im Lernstil analysieren, um ein individuelleres Lernerlebnis zu ermöglichen. Diese Technologie vereinfacht zudem administrative Aufgaben wie Benotung, Lehrplangestaltung und Stundenplanung, sodass sich Lehrkräfte und Einrichtungen stärker auf die Bereitstellung einer qualitativ hochwertigen Ausbildung konzentrieren können.

Darüber hinaus geht KI in der Bildung über den Unterrichtsraum hinaus. Durch intelligente Lehrsysteme und digitale Lerntools ermöglicht sie einem breiteren Publikum unabhängig von Region und finanziellem Hintergrund den Zugang zu Wissen. Insbesondere Online-Publikationen, virtuelle Klassenzimmer und KI-basierte Lehrmittel brechen die traditionellen Grenzen der Bildung auf und ermöglichen einen inklusiveren und flexibleren Lernansatz.

Die umfassende Implementierung von KI in der Ausbildung wirft jedoch mehrere moralische und praktische Bedenken auf. Die Vielzahl an Schülerdaten, die für das effektive Funktionieren von KI-Strukturen unerlässlich ist, birgt große Risiken für Datenschutz und Sicherheit. Darüber hinaus gibt es eine anhaltende Debatte über die Rolle von KI bei Bildungsentscheidungen, von der Benotung von Aufgaben bis zur Ermittlung des Schülerpotenzials. Diese Probleme unterstreichen die Notwendigkeit sorgfältiger Gesetzgebung und Aufsicht, um sicherzustellen, dass die Auswirkungen von KI auf die Schulbildung qualitativ hochwertig und gerecht bleiben.

Mit der Weiterentwicklung des KI-Zeitalters wird sich auch die Rolle der KI in der Bildung weiter verstärken. Sie bietet neue Möglichkeiten, den Erfahrungsgewinn zu steigern und gleichzeitig die anspruchsvollen Situationen zu bewältigen, die diese Verbesserungen mit sich bringen.

1.2. KI und die Erfahrung der Studierenden

Künstliche Intelligenz verändert das Lernerlebnis grundlegend – von personalisierten Lernwegen bis hin zur

Entwicklung dynamischer, interaktiver Umgebungen, die eine intensivere Auseinandersetzung mit dem Stoff fördern. KI ermöglicht es, Lernstrukturen an die Bedürfnisse, Vorlieben und Lerntypen der Schüler anzupassen. Dadurch wird das Lernerlebnis verbessert und die Lerneffektivität gesteigert.

Die Integration von KI in den Unterricht ermöglicht einen individueller zugeschnittenen Unterricht. Durch die Analyse der bisherigen Leistungen, des Lerntempos und der Verhaltensstatistiken eines Schülers kann KI Ressourcen, Aufgaben und Sportarten empfehlen, die speziell auf seine Bedürfnisse zugeschnitten sind. Dieser Grad an Individualisierung stellt sicher, dass die Schüler in ihrem eigenen Tempo vorankommen, mehr Zeit mit Themen verbringen, die sie interessieren, und nach dem Erlernen bestimmter Konzepte weitermachen können. Auf diese Weise unterstützt KI nicht nur das Lernen, sondern ergänzt es auch aktiv, indem sie ein für jeden Schüler relevanteres und nachhaltigeres Erlebnis schafft.

Darüber hinaus hat KI große Fortschritte bei der Bereitstellung sofortigen Feedbacks erzielt, was in traditionellen Lernumgebungen häufig fehlt. Dank KI-gestützter Systeme erhalten Studierende sofort Feedback zu ihren Arbeiten und können so Fehler und Missverständnisse schnell beheben. Dieser kontinuierliche Feedback-Kreislauf verbessert das

Lernerinnern und ermöglicht es Studierenden, während ihres Lernabenteuers live am Kurs teilzunehmen.

Neben personalisierten Inhalten bieten KI-gestützte Plattformen auch ein interaktiveres Erlebnis. Virtuelle Hörsäle und KI-gestützte Tutorensysteme können Einzelgespräche simulieren, in denen Studierende zeitlich und örtlich unabhängig Anleitung und Unterstützung erhalten. Solche Plattformen können auch natürliche Sprachverarbeitung beinhalten, sodass Studierende in Echtzeit Fragen stellen und kontextbezogene Antworten erhalten können. So wird das Erlebnis der Interaktion mit einem menschlichen Tutor simuliert.

Obwohl KI vielversprechende Möglichkeiten bietet, das Lernerlebnis zu verbessern, wirft sie auch Fragen zum möglichen Verlust des menschlichen Kontakts in der Bildung auf. Die Interaktion zwischen Schülern und Lehrkräften ist oft ein zentraler Bestandteil des Lernprozesses. Da KI-Systeme einige Elemente des Unterrichts übernehmen, stellt sich die Frage, ob dies die Rolle der Lehrkräfte als Mentoren, Motivatoren und Vorbilder verringern könnte. Das Gleichgewicht zwischen Automatisierung und menschlicher Interaktion muss sorgfältig gesteuert werden, um sicherzustellen, dass KI wichtige Aspekte des Lernerlebnisses ergänzt, anstatt sie zu ersetzen.

KI hat das Potenzial, das Lernen durch personalisierte, interaktive und adaptive Lernumgebungen zu revolutionieren.

Durch direktes Feedback, individuelle Anpassung des Unterrichts und die Entwicklung flexibler Lernpfade ermöglicht KI Schülern, ihr eigenes Lernen selbst zu steuern und so Engagement und Lernerfolg zu steigern. Die Integration von KI in den Unterricht sollte jedoch mit Bedacht erfolgen, um sicherzustellen, dass sie traditionelle Bildungswerte stärkt und die für ganzheitliches Lernen entscheidende menschliche Bindung bewahrt.

1.3. Technologische Trends und Transformation

Der rasante technologische Fortschritt verändert die Bildungslandschaft grundlegend, und Künstliche Intelligenz steht an der Spitze dieses Wandels. KI-Technologien nutzen neue Trends und Innovationen, die traditionelle Unterrichtsmodelle projizieren und neue Möglichkeiten für die Gestaltung, Vermittlung und Erfahrung von Lernen eröffnen. Diese technologischen Veränderungen verändern nicht nur die Art und Weise des Lernens, sondern beeinflussen auch das gesellschaftliche Verständnis davon, wie Lernen und Wissenserwerb in Zukunft aussehen sollen.

Eine der wichtigsten technologischen Entwicklungen im Bildungswesen ist der Wandel hin zu individualisiertem Lernen. Die Fähigkeit der KI, große Datenmengen zu analysieren und Lerninhalte und -methoden an individuelle Bedürfnisse anzupassen, hat individualisiertes Lernen etabliert. Adaptive Lernsysteme, die auf KI basieren, können den Lernfortschritt von Schülern optimieren und den Unterricht an ihre Stärken und Schwächen anpassen. Diese Flexibilität ermöglicht einen stärker schülerorientierten Ansatz, bei dem die Lernenden die Freiheit haben, in ihrem eigenen Tempo zu lernen, bei Bedarf gezielte Interventionen zu erhalten und mit dem Lernstoff so zu interagieren, dass er ihren bevorzugten Lernmustern entspricht.

Ein weiterer wichtiger Trend ist der zunehmende Einsatz von Datenanalyse im Bildungswesen. KI-Systeme können Daten aus verschiedenen Quellen sammeln und analysieren, beispielsweise zu Schülerleistungen, Engagement und Verhaltensweisen. Diese Daten können genutzt werden, um Entscheidungen zu treffen, Lernstrategien zu verbessern und Lernergebnisse vorherzusagen. Lehrkräfte und Schulverwaltung können diese Erkenntnisse nutzen, um Schüler mit Lernschwierigkeiten frühzeitig zu erkennen, die Betreuung zu personalisieren und fundierte Anpassungen an Lehrplänen und Unterrichtsstrategien vorzunehmen. Die Möglichkeit, Daten auf diese Weise zu nutzen, bietet beispiellose Möglichkeiten zur kontinuierlichen Verbesserung und Optimierung von Bildungssystemen.

Darüber hinaus treibt KI die Entwicklung immersiver Lernerfahrungen voran, insbesondere durch den Einsatz von virtueller und erweiterter Realität (VR und AR). In

Kombination mit KI ermöglichen diese Technologien die Schaffung besonders attraktiver und interaktiver Lernumgebungen. Schüler können virtuelle Welten erkunden, mit 3D-Modellen interagieren und an Simulationen teilnehmen, die im herkömmlichen Unterricht nur schwer oder gar nicht nachgebildet werden können. Solche immersiven Erfahrungen können das Wissen vertiefen, das Lernerinnern verbessern und Schülern die Möglichkeit geben, Fähigkeiten in einer sicheren und kontrollierten Umgebung zu üben.

Der Einfluss von KI reicht über den Unterricht hinaus bis in die globale Bildungslandschaft, da sie die Verbreitung von Online- Lernplattformen und Bildungstechnologien fördert. Der Aufstieg von Massive Open Online Courses (MOOCs), KI-gestützten Lernmanagementsystemen und anderen virtuellen Tools hat Bildung für Menschen weltweit zugänglicher gemacht. Studierende können nun überall, jederzeit und in ihrem eigenen Tempo lernen und so geografische und zeitliche Grenzen überwinden. Diese Innovationen machen Bildung zu einem flexibleren und inklusiveren Unternehmen und ermöglichen es unerfahrenen Menschen unterschiedlicher Herkunft und Herkunft, an anspruchsvollen Bildungsprojekten teilzunehmen.

Diese technologischen Fortschritte bringen jedoch auch Herausforderungen und Risiken mit sich. Die zunehmende Abhängigkeit von KI und datenbasierter Entscheidungsfindung verstärkt die Bedenken hinsichtlich Datenschutz, Sicherheit und den ethischen Auswirkungen des Einsatzes solch leistungsstarker Geräte in der Ausbildung. Da KI-Systeme große Mengen persönlicher Daten über Studierende sammeln, wird der Schutz dieser Daten zu einer wichtigen Priorität. Darüber hinaus besteht mit der Einführung von KI in Bildungssysteme ein Bedarf an einer kontinuierlichen Bewertung der Auswirkungen dieser Technologie auf Ausbildung, Lernergebnisse und gesellschaftliche Gerechtigkeit.

Der anhaltende technologische Wandel im Bildungswesen ist simpel, und KI steht im Mittelpunkt dieses Wandels. Da sich personalisiertes Lernen, Datenanalyse, immersive Technologien und der globale Zugang zur Bildung weiterentwickeln, wird KI eine immer wichtigere Rolle bei der Neugestaltung der Wissensvermittlung und -erfahrung spielen. Der verantwortungsvolle Einsatz dieser Technologien ist jedoch unerlässlich, um sicherzustellen, dass sie allen Lernenden und Lehrenden zugutekommen, ohne Datenschutz oder ethische Standards zu gefährden. Die Zukunft der Bildung, die durch KI und andere Technologien geprägt wird, birgt enormes Potenzial, muss aber sorgfältig gesteuert werden, um sicherzustellen, dass sie der oberen Gesellschaftsschicht dient.

1.4. Historische Entwicklung der KI im Bildungswesen

Die Integration künstlicher Intelligenz (KI) in die Bildung entstand weder plötzlich noch im luftleeren Raum. Es war ein langsamer Prozess, der von breiteren technologischen Trends, theoretischen Fortschritten in der Computertechnologie, Veränderungen in der Bildungstheorie und sozioökonomischen Erfordernissen beeinflusst wurde. Der Weg von den frühesten Konzepten maschineller Intelligenz bis hin zu den heutigen intelligenten Lernsystemen und adaptiven Lernplattformen spiegelt nicht nur die Evolution der Technologie wider, sondern auch die sich wandelnde Wahrnehmung menschlicher Lernprozesse und der Frage, wie Maschinen dieses Lernen unterstützen können.

Die frühe Entwicklung von KI im Bildungswesen lässt sich anhand mehrerer unterschiedlicher, sich jedoch überschneidender Phasen verfolgen: der theoretischen Grundlagen (1950er–1970er Jahre), der frühen experimentellen Strukturen (1980er–1990er Jahre), der Internetrevolution und dem Aufstieg intelligenter Nachhilfesysteme (2000er Jahre), der Entstehung großer Datenmengen und systematischer Lernprogramme (2010er Jahre) und der modernen Entwicklung integrierter, skalierbarer und adaptiver KI-gestützter Lernökosysteme (ab den 2020er Jahren). Jede dieser

Phasen spiegelt umfassendere Veränderungen in der KI-Forschung und den akademischen Prioritäten wider.

Die konzeptionellen Grundlagen für KI im Bildungswesen entstanden im weiteren Feld der künstlichen Intelligenz. In den 1950er Jahren legten Pioniere wie Alan Turing und John McCarthy die theoretischen Grundlagen für maschinelles Lernen. Turings berühmte Frage „Können Maschinen denken?", die er 1950 in seiner bahnbrechenden Arbeit „Computing Machinery and Intelligence" aufstellte, legte indirekt den Grundstein für den Einsatz intelligenter Maschinen in kognitiven Bereichen wie Lernen und Lehren.

In den 1960er und 1970er Jahren war die symbolische KI, auch „Excellent Old Style AI" (GOFAI), die vorherrschende Technik in der KI-Forschung. Forscher zielten darauf ab, menschliches Wissen und Denken in formale symbolische Systeme zu kodieren. Im Bildungskontext führte dies zu frühen Modellen der kognitiven Psychologie, die menschliches Denken und Problemlösen zu simulieren versuchten. Daraus entwickelten sich später intelligente Lernsysteme (ITS).

Eine der einflussreichsten frühen Arbeiten dieser Ära war das sokratische Sprachmodell, das die Art und Weise nachzuahmen versuchte, wie Lehrer Schüler durch Fragen anleiten. Forscher erkannten, dass es beim Unterrichten nicht nur um die Abgabe von Informationen, sondern um die Anwendung kognitiver Methoden ging. Die Grundlagen der konstruktivistischen Lerntheorie – vertreten durch

Wissenschaftler wie Jean Piaget und Seymour Papert – betonten aktives Lernen. Paperts Arbeit an Logo, einer für Kinder entwickelten Programmiersprache, markierte eine der frühesten Schnittstellen zwischen Computertechnologie, Bildung und KI.

Obwohl das tatsächliche Rechenpotenzial der Systeme in diesem Zeitraum irgendwann eingeschränkt wurde, ebnete die philosophische und psychologische Grundlage den Weg für eine künftige Integration.

Die 1980er Jahre markierten einen Wendepunkt mit der Entwicklung der ersten Generation intelligenter Tutoring-Systeme (ITS). Diese Systeme zielten darauf ab, das Verhalten menschlicher Tutoren zu simulieren, indem sie die Lernmethoden an die Bedürfnisse einzelner Anfänger anpassten. Im Gegensatz zum traditionellen computergestützten Lernen, das allen Anfängern die gleichen Inhalte präsentierte, integrierten ITS Modelle von Fachwissen, Schüler-Know-how und pädagogischen Methoden.

Eines der bahnbrechenden Systeme war SOPHIE (Socratic Physics Tutor), das in den späten 1970er und frühen 1980er Jahren entwickelt wurde. SOPHIE konnte die Fehlvorstellungen von Studenten in der Elektronik diagnostizieren und sie bei der Problemlösung unterstützen. In ähnlicher Weise entstanden in den 1990er Jahren ANDES und AutoTutor als bemerkenswerte ITS-Plattformen. Diese

Systeme nutzten kognitive Modelle, um Inhalte und Kommentare an die Bedürfnisse von Anfängern anzupassen und so ein menschenähnliches Coaching zu simulieren.

Eine weitere wichtige Entwicklung dieser Ära war die Constraint-basierte Modellierung. Sie ermöglichte es Systemen, Schülerlösungen nicht mehr durch den Abgleich vordefinierter Lösungen, sondern durch die Identifizierung von Verstößen gegen konzeptionelle Constraints zu bewerten. Dieser Ansatz erwies sich im Mathematik- und Informatikunterricht als wertvoll, da es dort häufig mehrere richtige Antworten gibt.

Diese Strukturen standen jedoch vor Herausforderungen. Ihr Aufbau war teuer und zeitaufwändig, oft domänenspezifisch und schwer skalierbar. Die damals durchgeführte Forschung untersuchte jedoch das Potenzial von KI, das Lernen mit modernen und personalisierten Ansätzen zu unterstützen.

Gleichzeitig erlebte die Bildungstechnologie einen Aufschwung bei computergestützten Lernprogrammen (CBT), Multimedia-CD-ROMs und der frühen Nutzung von Lernmanagementsystemen (LMS). Obwohl nicht alle davon KI-basiert waren, legten sie den Grundstein für digitale Lernumgebungen, in denen KI später florieren konnte.

Die Verbreitung des Internets in den späten 1990er und frühen 2000er Jahren veränderte die Bildungssysteme. Online-Lernumgebungen wurden immer beliebter und damit auch ein wachsendes Interesse an Personalisierung und datenbasierter

Beratung. Während frühe E-Learning-Plattformen weitgehend statisch und linear waren, begannen Forscher, KI-Techniken zu integrieren, um adaptivere und reaktionsfähigere Systeme zu entwickeln.

In dieser Zeit kam es zu zahlreichen großen Entwicklungen:

Carnegie Learning veröffentlichte Cognitive Tutor, eines der ersten kommerziellen ITS-Produkte, das an US-amerikanischen Hochschulen breite Akzeptanz fand. Basierend auf jahrelanger Forschung zur kognitiven Technologie an der Carnegie Mellon University nutzte es regelbasierte Modellierung, um sich an den Lernfortschritt der Schüler in Algebra und anderen Fächern anzupassen.

• AutoTutor, entwickelt an der University of Memphis, nutzte natürliche Sprachverarbeitung, um Konversationsinteraktionen mit Studenten zu simulieren. Im Gegensatz zu früheren ITS-Programmen, die stark auf Mehr-als-einer-Auswahl oder strukturierte Antworten setzten, versuchte AutoTutor, mit Neulingen durch Sprache zu interagieren.

• Die Entwicklung von Bayesschen Netzen und probabilistischen Modellen ermöglichte es, Unsicherheiten im Verhalten von Schülern und Lernverläufen effektiver zu bewältigen. Diese Strategien verbesserten die Anpassungsfähigkeit und den Realismus von Lernstrukturen.

Es kamen KI-gestützte Diagnosetests auf den Markt, die es den Systemen ermöglichten, das Wissensland eines Schülers schnell zu erkennen und die Inhalte entsprechend anzupassen. Dies führte zu einem Wandel von der Einheitsberatung hin zu personalisierten Lernpfaden.

Trotz dieser Verbesserungen blieb die großflächige Umsetzung aufgrund technologischer Einschränkungen, hoher Entwicklungskosten und institutioneller Trägheit behindert. Dennoch wurde der Grundstein für die nächste Phase der KI-gestützten Ausbildung gelegt.

Die 2010er Jahre waren geprägt von einer explosionsartigen Zunahme der Datenverfügbarkeit, Fortschritten bei maschinellen Lernalgorithmen und dem Aufschwung des Cloud Computing. Diese Entwicklungen stärkten die Fähigkeiten von KI-Systemen im Bildungsbereich deutlich.

Eines der einflussreichsten Konzepte dieses Jahrzehnts war die Lernanalyse – das Sammeln, Analysieren und Interpretieren von Informationen über Neuankömmlinge und ihren Kontext. Lernanalysen ermöglichten es Lehrsystemen, das Engagement der Schüler zu überwachen, die Leistung zu prognostizieren und Inhalte in Echtzeit anzupassen. In Kombination mit maschinellem Lernen näherten sich diese Systeme der Anpassungsfähigkeit und Intuition menschlicher Lehrkräfte an.

Adaptive Lernsysteme wie Knewton, DreamBox und Smart Sparrow erwiesen sich als Pioniere für personalisierten Unterricht im großen Maßstab. Diese Systeme sammelten umfangreiche Lerndaten und nutzten prädiktive Modellierung, um Schwierigkeitsgrad, Lerntempo und Reihenfolge der Inhalte anzupassen. Beispielsweise sollte der Mathematiklehrplan von DreamBox den Unterricht an das Verhalten, die Genauigkeit oder sogar das Zögern eines Kindes anpassen.

Massive Open Online Courses (MOOCs), zu denen Kurse von Coursera, edX und Udacity gehören, integrieren zunehmend KI-Funktionen wie automatische Benotung, Inhaltsberatung und Moderationsbots für Diskussionsforen. Die Verarbeitung natürlicher Sprache ermöglicht automatisierte Bewertungs- und Kommentarsysteme für Aufsätze, während Empfehlungsmaschinen basierend auf dem Verhalten der Lernenden Veröffentlichungen oder Inhalte empfehlen.

Spracherkennung und digitale Assistenten, darunter IBM Watson Tutor, hielten Einzug in den Bildungsbereich und boten intelligente Antworten auf Fragen, personalisierte Hilfe und Lehrplansteuerung.

Der zunehmende Einsatz von KI führte auch zu einem verstärkten Interesse an Ethik, Datenschutz und Voreingenommenheit. Bedenken hinsichtlich der Nutzung von Schülerdaten, der Überwachung und der algorithmischen

Fairness sind für den Diskurs über KI im Bildungswesen von entscheidender Bedeutung geworden.

Die 2020er Jahre waren geprägt von einem rasanten Anstieg der KI im Bildungswesen, der teilweise durch die globale COVID-19-Pandemie katalysiert wurde und eine massive Verlagerung hin zu Online- und Hybrid-Lernen erzwang. Bildungseinrichtungen, Edtech-Unternehmen und Regierungen setzten zunehmend auf KI-gestützte Tools, um Fernunterricht zu verwalten, Lehrkräfte zu unterstützen und Studierende zu motivieren.

Aktuelle KI-Anwendungen umfassen:

• KI-Chatbots werden an Universitäten für Verwaltungsaufgaben, Unterrichtsberatung oder sogar einfache Nachhilfe eingesetzt.

• Multimodale Lernanalysen kombinieren Informationen aus Tastenanschlägen, Blickverfolgung, Gesichtsausdrucksanalyse und mehr, um genaue Lernerprofile zu erstellen.

• Generative KI-Tools wie GPT-basierte Modelle werden heute zur Unterstützung beim kreativen Schreiben, bei der Programmierung und bei der Inhaltserstellung eingesetzt.

• KI-Tutoren und Co-Piloten, die während des Unterrichts, der Tests oder der Missionsarbeit zeitnahe Unterstützung bieten.

- Sprachlernsysteme wie Duolingo verfügen über integrierte Deep-Learning-Modelle, um Unterricht, Spracherkennung und Kommentare anzupassen.

Heutige KI-Systeme sind skalierbarer, generalisierbarer und benutzerfreundlicher als je zuvor. Die Konvergenz von KI mit Augmented Reality (AR), Virtual Reality (VR) und Brain-Computer-Interfaces verspricht eine Zukunft immersiver, adaptiver und überraschend individueller Lernstudien.

Darüber hinaus werden durch die zunehmende Nutzung föderierter Lernsysteme und datenschutzfreundlicher KI einige der früheren Bedenken hinsichtlich des Datenschutzes und der Privatsphäre der Schüler ausgeräumt.

Regierungen und Bildungseinrichtungen haben begonnen, nationale KI-Strategien in ihre Bildungsstrategien zu integrieren. So investierten beispielsweise die chinesischen Behörden massiv in KI-basierte Klassenzimmer, während die Europäische Union Wert auf ethische Rahmenbedingungen und einen verantwortungsvollen Einsatz legte.

Die frühe Entwicklung der KI im Bildungswesen zeigt nicht nur die technologische Entwicklung, sondern auch ein vertieftes Verständnis von Pädagogik, menschlicher Kognition und sozialer Gerechtigkeit. Der Weg von primitiven, regelbasierten Tutoren zu den heutigen, in Lernmanagementsysteme eingebetteten Sprachmodellen zeigt, wie sich KI von einer theoretischen Möglichkeit zu einer praktischen Notwendigkeit entwickelt hat.

Es bleiben jedoch weiterhin Herausforderungen bestehen: Fairness bei der Zulassung, ethischer Einsatz, Ausbilderausbildung und die Vermeidung einer übermäßigen Abhängigkeit von computergestützten Systemen. Die nächste Phase der KI in der Bildung wird wahrscheinlich durch eine ausgewogene Partnerschaft zwischen menschlichen Lehrkräften und intelligenten Systemen geprägt sein – wobei KI die grundlegenden menschlichen Elemente Empathie, Kreativität und ethisches Urteilsvermögen in der Bildung unterstützt, aber nicht ersetzt.

Wie die Daten zeigen, geht es bei der Rolle der KI im Bildungswesen nicht darum, Lehrer zu ersetzen, sondern ihnen mehr Macht zu geben – und jedem Schüler dabei zu helfen, sein Potenzial durch intelligente, integrative und personalisierte Lernerfahrungen zu entfalten.

KAPITEL 2

Personalisierte Bildung

2.1. KI und schülerzentrierte Bildungsmodelle

Künstliche Intelligenz (KI) hat das Potenzial, die Bildungslandschaft zu revolutionieren. Insbesondere schülerzentrierte Bildungsmodelle sind mithilfe von KI-Technologien effizienter und effektiver geworden. Da der grundlegende Zweck der Bildung darin besteht, jedem Schüler ein auf seine Bedürfnisse, Lerngewohnheiten und Interessen zugeschnittenes Erlebnis zu bieten, sind die durch KI gebotenen Möglichkeiten von großer Bedeutung.

Schülerzentrierter Unterricht bietet eine Methode, bei der jeder Schüler ein auf sein Lerntempo, seine Möglichkeiten und Stärken zugeschnittenes Erlebnis erhält. KI ermöglicht es Lehrkräften, ihre Schüler besser zu verstehen und auf die Lernstrategie jedes Schülers zu reagieren. Diese pädagogische Philosophie berücksichtigt die individuellen Unterschiede im Klassenzimmer und ermöglicht es jedem Schüler, sein volles Potenzial auszuschöpfen.

KI kann die Herausforderungen von Studierenden während des Lernprozesses erkennen und entsprechende Unterstützung bieten. Wenn ein Studierender beispielsweise mit einem bestimmten Thema Schwierigkeiten hat, können KI-gestützte Systeme zusätzliche Ressourcen bereitstellen oder alternative Lernwege vorschlagen, um Missverständnisse besser zu bewältigen. Dieser Prozess ermöglicht es Lehrenden, den

Studierenden gezieltere und umweltfreundlichere Hinweise zu geben.

KI ermöglicht es, die Gesamtleistung von Studierenden kontinuierlich darzustellen. Durch die Analyse der Fortschritte von Studierenden im Laufe der Jahre lässt sich erkennen, in welchen Bereichen sie herausragend sind und welche Bereiche mehr Aufmerksamkeit erfordern. Solche Analysen bieten Lehrkräften die Möglichkeit, maßgeschneiderte Strategien für jeden einzelnen Schüler zu entwickeln.

Mithilfe von KI-Systemen können die Lernfortschritte der Schüler kontinuierlich verfolgt werden, was bei Bedarf ein rechtzeitiges Eingreifen ermöglicht. So können Lehrkräfte auf jeden Schüler individuell eingehen und sicherstellen, dass das Unterrichtssystem für jeden Lernenden so personalisiert wie möglich ist.

Personalisiertes Training umfasst die Bereitstellung von Materialien und Techniken, die an die unterschiedlichen Lernstile und Lerngeschwindigkeiten der Studierenden angepasst sind. KI kann Daten über jeden Schüler sammeln und Inhalte erstellen, die auf seine individuellen Lernmethoden zugeschnitten sind. Diese Inhalte basieren vollständig auf den bisherigen Lernerfahrungen des Schülers, sodass das System Materialien bereitstellen kann, die seinen aktuellen Bedürfnissen entsprechen.

Schüler können zudem individuelle Lernmuster aufweisen, sei es visuell, auditiv oder kinästhetisch. KI kann diese individuellen Lernmuster erkennen und für jeden Schüler die am besten geeigneten Lehrmethoden auswählen. Beispielsweise erhält ein Schüler, der visuell gut lernt, wahrscheinlich videobasierte Inhalte, während ein auditiver Lerner Audiovorträge oder Podcasts erhält. Kinästhetisch unerfahrene Schüler hingegen erhalten eher praktische Übungen oder interaktive Materialien.

Ein weiterer großer Vorteil der KI ist die Möglichkeit, Studierenden sofortiges Feedback zu geben. Im traditionellen Unterricht nehmen sich Lehrkräfte Zeit, um Feedback zu geben, wenn ein Schüler einen Fehler macht. KI-Systeme können die Antworten eines Schülers jedoch sofort analysieren und in Echtzeit Feedback geben. Dies beschleunigt den Lernprozess und ermöglicht es den Schülern, ihre Fehler schneller zu erkennen.

KI-generierte Kommentare können zudem personalisiert werden. Sie bieten präzise Verbesserungsvorschläge und zeigen Lösungsansätze für Fehler auf. Darüber hinaus ermöglicht KI den Schülern, ihren eigenen Fortschritt zu verfolgen, da sie sehen, in welchen Bereichen sie Fortschritte gemacht haben und an welchen Themen sie noch arbeiten möchten.

KI wird in der Zukunft schülerorientierter Bildungsmodelle eine immer größere Rolle spielen. Da immer mehr personalisierte und individuell gestaltete Inhalte verfügbar werden, können KI-Technologien effektiver eingesetzt werden, um jeden Schüler durch seinen individuellen Lernprozess zu begleiten. KI ermöglicht es Lehrkräften nicht nur, den Lernfortschritt ihrer Schüler zu verfolgen, sondern hilft ihnen auch, ihre Strategien zu erweitern und ihre Lehrmethoden effizienter zu gestalten.

KI-basiertes Lernen trägt dazu bei, die unterschiedlichen Lerngeschwindigkeiten im Klassenzimmer zu berücksichtigen und eine Lernumgebung zu schaffen, die für jeden Schüler geeignet ist. Dies ist besonders für Schüler von Vorteil, die Lernschwierigkeiten haben oder Lernlücken aufweisen. Personalisiertes Lernen mithilfe von KI hilft Schülern, schneller zu lernen und bietet ihnen eine sicherere und effektivere Lernumgebung.

KI und schülerorientierte Bildungsmodelle können die Bildungsstrukturen verändern. Maßgeschneiderte Lernmaterialien und Echtzeit-Feedback können das Erlernen von Lernmethoden effizienter gestalten. Dieser Ansatz schafft ein effektiveres Lernumfeld – nicht nur für Schüler, sondern auch für Lehrkräfte. KI-gestütztes Lernen bietet die Möglichkeit, den individuellen Lernfortschritt der Schüler zu verfolgen und individuelle Strategien für jeden von ihnen zu entwickeln. Die künftige breitere Integration von KI in die Bildung wird einen wesentlichen Schritt in der Entwicklung schülerorientierter Bildungsmodelle darstellen.

2.2. Persönliche Lernpläne und KI

Personalisierte Lernpläne stehen im Mittelpunkt moderner Bildungspraktiken, die auf die individuellen Bedürfnisse und Kompetenzen der Schüler eingehen. Die Integration künstlicher Intelligenz (KI) in diese Pläne ermöglicht einen transformativen Ansatz, der ein maßgeschneidertes und adaptives Lernerlebnis ermöglicht. Durch die Analyse von Daten aus verschiedenen Quellen kann KI Pädagogen dabei unterstützen, individuelle Lernpfade für Schüler zu erstellen und sicherzustellen, dass jeder Lernende die Anleitung und die Ressourcen erhält, die er für seinen Erfolg benötigt.

KI ermöglicht die Entwicklung dynamischer und individualisierter Lernpläne durch die Bewertung des Vorwissens, der Fähigkeiten, der Lernoptionen und des Lernfortschritts eines Schülers. Diese KI-gestützten Lernpläne gehen über eine einfache Anpassung hinaus und passen sich kontinuierlich an die sich entwickelnden Wünsche, Herausforderungen und Erfolge des Schülers an. Dieser individuelle Ansatz steht im Gegensatz zu traditionellen Einheitslernmodellen und bietet Schülern eine umweltfreundlichere und attraktivere Möglichkeit, in ihrem eigenen Tempo zu lernen.

KI-Systeme nutzen umfangreiche Daten, um personalisierte Lernpläne zu erstellen. Durch die Erfassung von

Statistiken aus Schülerinteraktionen, Leistungstests und der Auseinandersetzung mit verschiedenen Lernmaterialien kann KI ein umfassendes Profil der Stärken und Schwächen jedes Schülers erstellen. Dieser datenbasierte Ansatz ermöglicht es der KI, spezielle Quellen, Sportarten oder Aktivitäten zu empfehlen, um den Bedürfnissen des Schülers gerecht zu werden.

Beispielsweise sollte ein Schüler, der mit einem bestimmten Thema wie Algebra zu kämpfen hat, zusätzliche Sport- oder Erklärvideos erhalten, die von einem KI-Tool vorgeschlagen werden. Umgekehrt kann ein Schüler, der in einem Fach herausragend ist, mit anspruchsvolleren Inhalten versorgt werden, um sein Interesse zu wecken und zu fordern. Dieser Grad an Personalisierung stellt sicher, dass die Schüler stets in ihrem Entwicklungsbereich bleiben, wo sie weder überfordert noch unterfordert werden.

Die Fähigkeit der KI, Informationen in Echtzeit zu verarbeiten, ermöglicht es, Lernpläne stets aktuell zu halten. Während die Schüler Aufgaben, Tests oder Lernaktivitäten absolvieren, wird ihre Leistung verfolgt und analysiert, sodass die KI den Lernplan basierend auf den neuen Informationen anpassen kann. Dadurch werden Lernpläne enorm dynamisch und können sich mit der Entwicklung der Schüler weiterentwickeln.

Einer der wichtigsten Vorteile von KI ist ihre Rolle in adaptiven Lerntechnologien. Diese Technologien ermöglichen eine Echtzeitanpassung des Lernerlebnisses basierend auf der Leistung der Schüler. Beispielsweise kann KI den Schwierigkeitsgrad von Fragen oder Aufgaben an die Leistung eines Schülers anpassen. Beantwortet ein Schüler Fragen effektiv, kann die KI anspruchsvollere Aufgaben anbieten, um ihn zu stimulieren und zu fördern. Umgekehrt kann die KI Schülern, die Schwierigkeiten haben, einfachere Aufgaben oder zusätzliche Motivationen anbieten, um ihnen zu helfen, Selbstvertrauen und Kompetenz aufzubauen.

Adaptives Lernen mithilfe künstlicher Intelligenz stellt sicher, dass jeder Schüler stets mit Inhalten auf dem richtigen Schwierigkeitsgrad beschäftigt ist. Dies vermeidet Frustrationen, die durch zu weit vorn oder zu weit hinten im Stoff entstehen, und ermöglicht es den Schülern, in ihrem eigenen Tempo zu lernen, ohne sich vernachlässigt oder überfordert zu fühlen.

KI-gestützte, persönliche Lernprogramme ermöglichen es Schülern, ihre Lernerfahrung selbst zu steuern. Da KI-Tools individuelle Hinweise und Ressourcen bereitstellen, können Schüler selbst entscheiden, wie sie mit den Inhalten interagieren. Dieser Grad der Personalisierung fördert das Gefühl der Selbstbestimmung beim Lernen und fördert zusätzliche Motivation und Engagement. Schüler können Interessensgebiete tiefer erforschen und in ihrem eigenen

Tempo entwickeln und erhalten gleichzeitig eine speziell auf ihre Bedürfnisse zugeschnittene Anleitung.

KI-gestützte Lernprogramme können auch individuelle Lernmuster unterstützen. Manche Schüler profitieren möglicherweise von Video-Tutorials, während andere durch interaktive Sportveranstaltungen oder Lernmaterialien besser lernen. KI-Systeme können diese Möglichkeiten erkennen und maßgeschneiderte Hinweise geben, um sicherzustellen, dass jeder Schüler Zugriff auf die für seinen Stil passenden Lernressourcen hat.

Darüber hinaus kann KI den Studierenden direktes Feedback geben, sodass sie ihren Lernfortschritt verfolgen und bei Bedarf ihre Lernstrategie anpassen können. Diese Feedbackschleife ermutigt die Studierenden, aktiv an ihrer Ausbildung teilzunehmen und stärkt zudem ihr Selbstbewusstsein und ihre Selbstbestimmung.

Eine Schlüsselfunktion KI-gerechter, individueller Lernpläne ist die kontinuierliche Verfolgung und Anpassung des Lernfortschritts eines Schülers. Im Gegensatz zu herkömmlichen Methoden, bei denen ein Lernplan über längere Zeiträume statisch bleiben kann, können KI-Systeme den Plan anhand von Echtzeitdaten anpassen. Wenn ein Schüler beispielsweise in einem bestimmten Bereich bessere Leistungen erbringt, kann das KI-System die Komplexität der Aufgaben erhöhen oder komplexere Inhalte einführen. Umgekehrt kann das System bei Schwierigkeiten des Schülers in einem bestimmten Bereich zusätzliche Übungsmaterialien bereitstellen oder Anreize schaffen.

Die Möglichkeit, Lernpläne in Echtzeit zu überwachen und anzupassen, stellt sicher, dass die Schüler stets die richtige Unterstützung erhalten. Lehrkräfte können so frühzeitig mögliche Problembereiche erkennen und eingreifen, bevor die Schüler in schwierigen Situationen überfordert sind.

Während KI enorme Vorteile bei der Erstellung personalisierter Lernpfade bietet, ist es für Pädagogen auch wichtig, sich in den Prozess einzumischen. KI kann basierend auf Statistiken effektive Erkenntnisse und Tipps liefern, aber letztendlich liegt es am Ausbilder, den breiteren Kontext der Bedürfnisse, Persönlichkeit und Anlässe jedes Schülers zu erfassen. KI-gestütztes Lernen von Lernplänen muss daher als Werkzeug betrachtet werden, das die Funktion des Pädagogen ergänzt und verbessert, anstatt sie zu ersetzen.

Lehrkräfte können die Erkenntnisse aus der KI nutzen, um fundierte Entscheidungen zu Lernumgebungen, Gruppendynamik und Ressourcenverteilung zu treffen. Darüber hinaus können Lehrkräfte mit Schülern und deren Familien zusammenarbeiten, um sicherzustellen, dass die Lernpläne individuell auf die individuellen Wünsche und Träume jedes Schülers zugeschnitten sind. Dieser kollaborative Ansatz kann Schülern helfen, ihr volles Potenzial auszuschöpfen und ein unterstützendes Lernumfeld zu schaffen.

Mit der fortschreitenden Entwicklung der KI werden maßgeschneiderte Lernprogramme voraussichtlich noch moderner. Die Integration von KI in neue Technologien wie virtuelle und erweiterte Realität, natürliche Sprachverarbeitung und maschinelles Lernen wird die Fähigkeit zur Erstellung vollständig personalisierter, immersiver Lernprogramme weiter verbessern. Diese Fortschritte ermöglichen noch individuellere und dynamischere Lernpfade, wodurch die Ausbildung immer besser auf die individuellen Bedürfnisse und Möglichkeiten jedes Einzelnen zugeschnitten wird.

Die Zukunft personalisierter Lernpläne auf Basis künstlicher Intelligenz verspricht enormes Potenzial für die Bildung. Mit zunehmender Verfügbarkeit von Informationen und zunehmender Genauigkeit der KI-Algorithmen profitieren Studierende von noch präziseren und effektiveren Lernplänen. Diese Generation bietet das Potenzial, ein nahezu individualisiertes Lernerlebnis zu bieten und Studierenden zu helfen, ihr volles Potenzial auszuschöpfen – auf eine Weise, die mit herkömmlichen Lernmethoden nicht möglich ist.

Persönliche Lernpläne auf Basis von KI bieten einen transformativen Ansatz für die Bildung. Durch die Nutzung datenbasierter Erkenntnisse kann KI individuell angepasste und dynamische Lernpfade erstellen, die den individuellen Bedürfnissen der Schüler entsprechen. Dank der Fähigkeit zur

Echtzeit-Anpassung stellt KI sicher, dass jeder Schüler das richtige Maß an Unterstützung und Herausforderung erhält, was zu mehr Engagement und Erfolg führt. Mit dem kontinuierlichen Fortschritt der KI-Technologie ist das Potenzial für weitere Personalisierung und Innovation in der Bildung groß und wird die Zukunft des Lernens entscheidend mitgestalten.

2.3. Datenbasierte Bildungsmethoden

Datenbasierte Bildungssysteme nutzen Daten und Analysen, um Lernpraktiken zu verbessern, Lernergebnisse zu steigern und Lernberichte zu optimieren. Die zunehmende Verfügbarkeit von Informationen in der Bildung – von Schülerleistungskennzahlen bis hin zu Engagement- Levels und darüber hinaus – hat die Art und Weise, wie Pädagogen ihre Lehrmethoden gestalten, revolutioniert. Künstliche Intelligenz (KI) spielt eine zentrale Rolle bei der Nutzung dieser Daten zur Schaffung personalisierter, umweltfreundlicher und effektiver Lernumgebungen.

Die Nutzung von Daten in der Ausbildung ist nicht unbedingt ein neues Konzept. Mit der Weiterentwicklung der Technologie und der Verbreitung virtueller Lernmittel haben Umfang und Intensität der Unterrichtsstatistik jedoch deutlich zugenommen. Daten im Bildungsbereich können aus verschiedenen Quellen stammen, darunter standardisierte

Bewertungen, Tests im Unterricht, Lernkontrollsysteme (LMS) oder sogar Verhaltensdaten, die das Engagement und die Interaktion der Schüler mit Lernmaterialien erfassen.

Im Kern dienen Daten aus der Lehre dazu, tiefere Einblicke in die Leistungen, Lernstile und Entwicklungsbereiche der Schüler zu gewinnen. Richtig erfasst und analysiert, können diese Daten Aufschluss darüber geben, wie Schüler lernen, mit welchen Herausforderungen sie konfrontiert sind und welche Lehrmethoden am besten geeignet sind. Datenbasierte Entscheidungsfindung ermöglicht es Lehrkräften, ihre Strategien in Echtzeit anzupassen und besser auf die unterschiedlichen Bedürfnisse der Schüler einzugehen.

Künstliche Intelligenz spielt eine große Rolle bei der Erfassung, Auswertung und Interpretation von Lerndaten. Dank ihrer Fähigkeit, große Datenmengen schnell und effizient zu verarbeiten, kann KI wertvolle Erkenntnisse liefern, die menschlichen Lehrkräften oft entgehen. KI-gesteuerte Systeme können die Reaktionen von Schülern analysieren, Lernergebnisse vorhersehen und sogar Lernlücken identifizieren, bevor diese zu großen Hindernissen werden.

Beispielsweise können KI-gestützte Lernmanagementsysteme den Lernfortschritt eines Schülers in verschiedenen Fächern verfolgen und spezifische Berichte zu Bereichen erstellen, in denen der Schüler Schwierigkeiten hat. Diese Erkenntnisse können genutzt werden, um gezielte

Interventionen und Ressourcen zu entwickeln, die den Schülern helfen, anspruchsvolle Situationen zu meistern und ihr Verständnis des Stoffes zu verbessern.

KI kann auch Verhaltensdaten erfassen, beispielsweise wie viel Zeit ein Schüler für eine bestimmte Aufgabe benötigt oder wie häufig er mit Lernressourcen interagiert. Durch die Auswertung dieser Daten kann KI Einblicke in das Engagement, die Motivation und die emotionale Verfassung des Schülers geben. Dies ermöglicht ein umfassenderes Bild des Lernerlebnisses des Schülers und ermöglicht es Lehrkräften, dort Unterstützung zu bieten, wo sie am dringendsten benötigt wird.

Prädiktive Analytik ist ein weiteres Schlüsselelement informationsbasierter Lehrmethoden, und KI erweitert ihre Fähigkeiten erheblich. Durch die Analyse historischer Daten können KI-Systeme zukünftige Lernergebnisse vorhersagen und Trends in der Schülerleistung erkennen. Prädiktive Modelle können Pädagogen dabei helfen, Herausforderungen vorherzusagen, beispielsweise Schüler, die möglicherweise zurückfallen, zusätzliche Unterstützung benötigen oder Schüler, die möglicherweise herausragende Leistungen erbringen und daher anspruchsvolleres Material benötigen.

Beispielsweise kann KI anhand ihrer Noten, Anwesenheit und Auseinandersetzung mit dem Kursmaterial vorhersagen, welche Studierenden wahrscheinlich scheitern werden. Mit diesen Informationen können Lehrkräfte frühzeitig eingreifen und zusätzliche Ressourcen, Nachhilfe oder personalisierte Lernstrategien anbieten. Andererseits kann KI auch dabei helfen, herausragende Studierende auszuwählen und ihnen Fördermöglichkeiten zu empfehlen, um sie zusätzlich zu fördern.

Predictive Analytics spielt auch eine wichtige Rolle bei der Optimierung der Lehrplangestaltung. Durch die Analyse von Informationen aus anderen Lehrbüchern können Lehrkräfte erkennen, welche Inhaltsbereiche für Schüler die größten Herausforderungen darstellen, wo die Lerneffekte am stärksten ausgeprägt sind und wo möglicherweise zusätzliche Ressourcen benötigt werden. Dies ermöglicht eine kontinuierliche Verbesserung der Lehrpläne und stellt sicher, dass die Lehrpläne auf die Bedürfnisse der neuen Jahrgangsstufe zugeschnitten sind.

Einer der größten Vorteile datenbasierter Bildung ist die Möglichkeit, personalisierte Lernprogramme anzubieten. KI-Systeme analysieren Daten aus einer Vielzahl von Quellen, um individuelle Lernpfade für Schüler zu erstellen. Diese Pfade werden dynamisch anhand von Echtzeitdaten angepasst, um sicherzustellen, dass jeder Schüler die richtige Menge an Aufgaben und Unterstützung erhält.

Wenn ein Schüler beispielsweise Schwierigkeiten mit einem bestimmten Thema hat, kann KI zusätzliche Ressourcen vorschlagen, den Schwierigkeitsgrad der Aufgaben anpassen oder Schritt-für-Schritt-Anleitungen bereitstellen, um dem Schüler das Verständnis des Stoffes zu erleichtern. Macht ein Schüler hingegen schnelle Fortschritte, kann KI anspruchsvollere Inhalte bereitstellen, um ihn zu motivieren und zu fordern.

Datenbasierte Interventionen sind nicht nur personalisiert, sondern auch gezielt ausgerichtet. Traditionelle Lehrmethoden basieren oft auf allgemeinen Ansätzen, die möglicherweise nicht die individuellen Bedürfnisse jedes Schülers berücksichtigen. Mithilfe von KI und pädagogischen Daten können Interventionen jedoch präziser und auf das individuelle Lernprofil abgestimmt werden. Dies führt zu besseren Lernergebnissen und einem effizienteren Einsatz von Lehrmitteln.

Datenbasierte Methoden ermöglichen zudem die Bereitstellung von Echtzeitkommentaren für Schüler. Traditionelle Prüfungen, wie Abschlussprüfungen oder regelmäßige Beurteilungen, liefern ein verzögertes Bild der Schülerleistung. KI-gestützte Systeme hingegen können unmittelbares Feedback zur Schülerarbeit liefern, sodass Anfänger ihre Fehler erkennen und korrigieren können, bevor sie sich anhäufen.

Beispielsweise können KI-Systeme in Online-Lernsystemen Aufgaben sofort bewerten und Anmerkungen zu Fehlern machen. So können Studierende ihr Wissen direkt überprüfen und verfeinern, was zu einem effizienteren und effektiveren Lernprozess beiträgt. Echtzeit-Feedback fördert die Wachstumsmentalität, indem es die Vorstellung verstärkt, dass Fehler zum Lernprozess gehören und zu kontinuierlicher Verbesserung führen.

Darüber hinaus ermöglicht die Echtzeiterfassung und - analyse den Lehrkräften, ihre Lehrmethoden spontan anzupassen. Kommt eine bestimmte Unterrichtsstunde oder ein bestimmtes Interesse bei den Studierenden nicht gut an, können sie ihre Methode basierend auf den durch KI-Systeme gewonnenen Datenerkenntnissen umgehend anpassen. Diese Flexibilität und Anpassungsfähigkeit sind entscheidend für ein Umfeld, in dem Studierende erfolgreich sein können.

Während KI-Strukturen und faktenbasierte Methoden sich meist auf die Ergebnisse der Schüler konzentrieren, bieten sie auch Lehrkräften weitreichende Vorteile. Durch die Analyse von Unterrichtsunterlagen kann KI Pädagogen helfen, ihre Lehrmethoden effektiver zu gestalten. KI-gestützte Tools können erkennen, welche Lehrmethoden bei bestimmten Schülergruppen am erfolgreichsten sind, welche Sportarten das größte Engagement hervorrufen und welche Bereiche zusätzliche Aufmerksamkeit erfordern.

KI kann beispielsweise analysieren, wie sich unterschiedliche Unterrichtsmethoden auf die Lernergebnisse der Schüler auswirken. Wenn ein bestimmter Ansatz für visuelle Anfänger gut funktioniert, für auditive Anfänger jedoch nicht, können die Daten Lehrkräften helfen, ihre Unterrichtsmethoden anzupassen, um den Bedürfnissen unterschiedlicher Anfänger besser gerecht zu werden. Dies ermöglicht die kontinuierliche Weiterentwicklung von Unterrichtspraktiken und stellt sicher, dass Lehrkräfte evidenzbasierte Methoden anwenden, die den Bedürfnissen der Schüler entsprechen.

Darüber hinaus kann KI-gestützte Analytik dazu beitragen, die Arbeitsbelastung von Lehrkräften durch die Automatisierung von Aufgaben wie Benotung und Verwaltungsaufgaben zu reduzieren. Dadurch haben Lehrkräfte mehr Zeit, sich auf die direkte Interaktion mit den Schülern und individuelles Coaching zu konzentrieren. Durch die Freisetzung von Zeit ermöglichen informationsgestützte Methoden den Lehrkräften, sich auf die wichtigsten Themen zu konzentrieren – die Schüler zu begeistern und eine optimale Lernumgebung zu schaffen.

Mit dem technologischen Fortschritt werden auch die Möglichkeiten statistikbasierter Lernmethoden weiter zunehmen. Die Integration von KI in neue Technologien wie maschinelles Lernen, natürliche Sprachverarbeitung und kognitives Computing ermöglicht noch tiefere Einblicke in die Lernstile und das Lernverhalten von Schülern. Diese Entwicklungen versprechen noch individuellere, effektivere und inklusivere Lernberichte.

Darüber hinaus wirft die zunehmende Nutzung von Informationen im Bildungswesen wichtige Fragen zum Datenschutz und zur Datensicherheit auf. Da Bildungsdaten immer spezifischer und detaillierter werden, ist es wichtig, den Schutz und die ethische Nutzung sensibler Schülerdaten sicherzustellen. Um die Privatsphäre zu schützen und gleichzeitig die Vorteile datenbasierter Bildung zu gewährleisten, sind geeignete Rahmenbedingungen für die Datenverwaltung erforderlich.

Datenbasierte Bildungsmethoden, die auf KI basieren, verändern die Art und Weise, wie Lehrkräfte unterrichten und Schüler lernen. Durch die Auswertung umfangreicher Lerndaten ermöglicht KI personalisiertes Lernen, prädiktive Analysen und Echtzeit-Feedback. All dies trägt zu besseren Lernergebnissen bei. Mit der Weiterentwicklung der KI werden die Möglichkeiten gezielterer und effektiverer Interventionen erweitert, wodurch die Bildung maßgeschneiderter und individueller wird. Unter sorgfältiger Berücksichtigung des Datenschutzes und ethischer Bedenken werden datenbasierte Methoden die Zukunft der Bildung weiterhin nachhaltig prägen.

2.4. Gamification und KI in Lernpfaden

Die Integration von Gamification und künstlicher Intelligenz in Lernumgebungen stellt eine transformative Entwicklung in der Gestaltung, Vermittlung und Erfahrung von Lernen dar. Da herkömmliche Lernmodelle im digitalen Zeitalter mit der Aufrechterhaltung des Engagements konkurrieren, setzen Pädagogen und Entwickler verstärkt auf spielbasierte Mechanismen, um die Motivation der Schüler neu zu entfachen. Gleichzeitig ermöglicht die KI-Technologie ein außergewöhnliches Maß an Anpassungsfähigkeit und Personalisierung, sodass diese spielerischen Geschichten in Echtzeit auf einzelne Neueinsteiger zugeschnitten werden können. Die Konvergenz dieser beiden wirkungsvollen Paradigmen – Gamification und KI – hat nicht nur die Struktur von Lernprozessen neu definiert, sondern auch die Rolle der Lernenden von passiven Empfängern zu aktiven Teilnehmern ihres Lernprozesses erweitert.

Gamification beinhaltet im Wesentlichen die Anwendung von Spieldesign-Elementen wie Punkten, Stufen, Herausforderungen, Abzeichen, Bestenlisten und Belohnungen in Nicht-Spiel-Kontexten, hauptsächlich im Training. Die psychologischen Grundlagen der Gamification basieren auf Motivationstheorien, insbesondere dem Selbstverpflichtungskonzept, das das Bedürfnis nach Autonomie, Kompetenz und Verbundenheit betont. In Lernumgebungen werden diese Bedürfnisse in interaktive und bereichernde Erfahrungen umgesetzt, die ein tieferes kognitives Engagement fördern. Gamification kann jedoch in die Falle tappen, ein Einheitskonzept zu sein – für manche Schüler motivierend, für andere jedoch nutzlos oder sogar frustrierend. Hier kommt KI als wichtiger Begleiter ins Spiel und ermöglicht gamifizierten Systemen, nicht nur ansprechend, sondern auch dynamisch anpassungsfähig zu sein.

KI-Algorithmen in aktuellen Lernsystemen können große Mengen an Lernerdaten analysieren – von Verhaltensmetriken wie Bearbeitungszeit, Fehlermustern und Interaktionssequenzen bis hin zu kognitiven Indikatoren wie Schwierigkeitsgradbewältigung und Engagement-Abnahmepunkten. Mithilfe dieser Daten kann KI die spielerische Form einer Lernroute gestalten, die auf die individuellen Bedürfnisse, Ziele und Leistungsmerkmale eines Lernenden abgestimmt ist. Beispielsweise könnte einem Schüler, der kontinuierlich gut auf aufgabenbasierte Aufgaben reagiert, zunehmend komplexere, spielähnliche Missionen angeboten werden, während einem Schüler, der unter aggressivem Stress Angst zeigt, eine explorativere und erzählerisch geprägte Lernroute angeboten werden könnte.

Einer der wichtigsten Beiträge von KI zum gamifizierten Lernen sind Echtzeit-Kommentare. Im Gegensatz zu herkömmlichen Systemen, die standardisierte oder zeitnahe Kommentare liefern, können KI-gestützte Plattformen den Lernfortschritt im Moment interpretieren und maßgeschneiderte Anleitung, Ermutigung oder korrigierende Unterstützung bieten. Beispielsweise können intelligente Tutoring-Systeme, eingebettet in eine gamifizierte Umgebung, einen interaktiven Spielleiter simulieren, der die Erzählung oder den Lernfortschritt an die Verinnerlichung von Standards durch den Lernenden anpasst. Dies stellt sicher, dass Anfänger in ihrem optimalen Entwicklungsbereich bleiben und verhindert Langeweile durch zu einfache Aufgaben und Frustration durch zu schwierige Situationen.

Ein weiteres Schlüsselelement dieser Synergie ist die dynamische Inhaltsgenerierung. Durch natürliche Sprachverarbeitung und prozedurale Inhaltsgenerierung kann KI neue Szenarien, Fragen oder Herausforderungen innerhalb eines gamifizierten Systems schaffen, wodurch das Lernen reibungslos und weniger repetitiv wird. Sprachlern-Apps wie beispielsweise Duolingo nutzen KI, um das optimale Gleichgewicht zwischen Wiederholung und neuen Inhalten zu ermitteln und passen Unterrichtsformate und Schwierigkeitsgrade an die Leistung und die bisherige Lernkurve des Nutzers an. Die gamifizierten Belohnungen – Streifen, Herzen, Kronen – werden nicht einheitlich angewendet, sondern algorithmisch abgestimmt, um das optimale Lernverhalten jedes Einzelnen zu fördern.

Gamification lebt auch vom Geschichtenerzählen, und KI spielt eine entscheidende Rolle bei der Personalisierung von Erzählungen, die sich im Laufe der Lernaufgaben der Lernenden entfalten. Durch Stimmungsanalyse und Lernanalyse kann KI emotionales Engagement erkennen und

Erzählstränge oder Benutzerinteraktionen anpassen, um den Lernenden besser zu erreichen. In immersiven Umgebungen wie virtuellen Realitätsräumen oder KI-gesteuerten Lernspielen verwandelt diese Fähigkeit abstrakte Konzepte in gelebte Erfahrungen. Beispielsweise kann ein Schüler, der Umwelttechnologie lernt, ein KI-personalisiertes Spielabenteuer erleben, bei dem seine Entscheidungen im Spiel – unterstützt durch reale wissenschaftliche Inhalte – Ökosysteme beeinflussen und so konkrete Handlungsstränge und Ergebnisse auslösen, die das Verständnis vertiefen.

Auch die motivierende Kraft von Wettbewerb und Zusammenarbeit – zentrale Faktoren der Gamifizierung – wird durch KI verbessert. Bestenlisten, traditionell statisch und oft demotivierend für Schüler mit niedrigerem Rang, können nun mithilfe von KI dynamisch in psychologisch stabilere Gruppen segmentiert werden, um sicherzustellen, dass alle Lernenden einen realistischen Erfolg erzielen. KI kann „Schattenwettbewerbe" erstellen: Bots, die Mitschüler mit ähnlichem Fähigkeitsniveau simulieren. So können Anfänger ein Gefühl von Fortschritt und Meisterschaft erleben, ohne die negativen sozialen Kontrasteffekte, die oft in realen Bestenlisten auftreten.

Darüber hinaus unterstützt KI die Gestaltung von Lernquests und adaptiven Missionen. Dabei handelt es sich um etablierte Lernpfade, die aus kleinen, spielähnlichen Herausforderungen bestehen und kumulativ ein Konzept oder eine Fähigkeit vermitteln. Anstatt eine statische Aufgabenliste vorzugeben, beobachtet KI die Leistung des Lernenden und passt positive Elemente an, modifiziert sie oder lässt sie weg, um die Effektivität zu maximieren. Ein Schüler mit Lernschwierigkeiten erhält möglicherweise grundlegendere Quests mit besseren sofortigen Belohnungen, während ein fortgeschrittener Lernender möglicherweise vor komplizierten Rätseln steht und symbolische statt extrinsische Belohnungen erhält. Im Laufe der Zeit entwickeln sich die KI-Modelle mit dem Lernenden weiter und optimieren die gamifizierte Umgebung für optimale kognitive Stimulation und emotionalen Stolz.

Wichtig ist, dass die Konvergenz von Gamification und KI auch neue Bewertungsmöglichkeiten eröffnet. Herkömmliche Tests unterbrechen häufig den Lernfluss und erfassen möglicherweise nicht differenzierte Fähigkeiten. Im Vergleich dazu ermöglichen KI-gesteuerte Gamification-Umgebungen Stealth-Assessments – eine Methode, bei der Erstsemester kontinuierlich anhand ihrer Spielaktivitäten bewertet werden, ohne öffentlich geprüft zu werden. Diese Tests sind in das Lernerlebnis eingebettet und werden von KI genutzt, um Lernerprofile in Echtzeit zu aktualisieren. So erhalten Lehrkräfte detaillierte Einblicke in den Lernfortschritt, Missverständnisse und Lernalternativen, ohne das Engagement zu unterbrechen.

Trotz ihres transformativen Potenzials ist die Kombination von KI und Gamification im Bildungsbereich nicht ohne Herausforderungen. Die ethischen Implikationen von Verhaltensmanipulation, Datenvertraulichkeit und der motivationalen Abhängigkeit von externen Belohnungen erfordern besondere Aufmerksamkeit. Übermäßiges Vertrauen in gamifizierte KI-Strukturen könnte die intrinsische Motivation verringern oder Lernen in eine Reihe von Aufgaben und Belohnungen umwandeln. Darüber hinaus können Verzerrungen in KI-Algorithmen oder eine unzureichende Berücksichtigung der Schülerpsychologie im Spieldesign zu Ausgrenzung oder Desinteresse bestimmter Lerngruppen führen. Es ist wichtig sicherzustellen, dass KI-basierte gamifizierte Systeme transparent, inklusiv und an pädagogischen Zielen ausgerichtet sind.

Lehrkräfte müssen zudem befähigt werden, diese Instrumente zu verstehen und richtig einzusetzen. Weiterbildungsprogramme müssen die Konzepte der Gamifizierung, die Grundlagen der KI-Kompetenz und den ethischen Einsatz von Technologie vermitteln. Nur dann können Lehrkräfte diese Systeme sinnvoll in Lehrpläne integrieren, anstatt sie nur oberflächlich zu nutzen.

Die Verschmelzung von KI und Gamification garantiert künftig eine noch intensivere und reaktionsschnellere Lernumgebung. Neue Technologien wie Emotionserkennung, Mind- Computer -Schnittstellen und Augmented Reality werden die Tiefe und Interaktivität von Lernvideospielen zusätzlich verbessern. KI könnte Anzeichen von Müdigkeit, Frustration oder Verwirrung erkennen und die Spieldynamik entsprechend anpassen – beispielsweise durch eine Missionspause, den Wechsel zu einer anderen Modalität oder durch die Einbringung von Humor oder Empathie durch virtuelle Avatare.

Darüber hinaus ermöglicht die zunehmende Komplexität von KI-Modellen hyperindividuelle, spielerische Lernumgebungen, in denen jeder Schüler ein individuell zugeschnittenes Spiel spielt, das auf anspruchsvoller Pädagogik basiert, aber von seiner eigenen Neugier, seinen Gewohnheiten und seinem eigenen Tempo geprägt ist. Diese Lernumgebungen können über traditionelle Themen hinausgehen und interdisziplinäre Inhalte mit realen Problemlösungen auf eine Weise verbinden, die sowohl bedeutsam als auch motivierend ist.

Die Transformation von Lernpfaden durch die Integration von Gamification und KI ist nicht nur ein technologischer Fortschritt; sie stellt ein grundlegendes Umdenken im Unterricht dar. Anfänger werden als Helden in ihren eigenen Lerngeschichten positioniert, unterstützt durch intelligente Systeme, die sich anpassen, anleiten und motivieren. Damit wird der Grundstein für eine Zukunft gelegt, in der Bildung nicht nur effektiver, sondern auch freudvoller, inklusiver und menschenzentrierter ist – selbst wenn sie durch Maschinen vermittelt wird.

Gamification und KI bieten, wenn sie sorgfältig aufeinander abgestimmt sind, großes Potenzial: Lernen, das wie ein Spiel wirkt, aber die Intensität eines wissenschaftlichen Lernens erreicht; Strukturen, die Studenten nicht mehr als Datenpunkte, sondern als sich entwickelnde Köpfe begreifen; und Klassenzimmer, die so dynamisch und attraktiv sind wie die Branche, in der die Studenten agieren sollen.

2.5. KI-gestützte Mentoring- und Tutoring-Systeme

Künstliche Intelligenz (KI) entwickelt sich zunehmend zu einer transformativen Kraft im Bildungswesen – nicht mehr nur als Instrument zur Vermittlung von Inhalten, sondern als intelligentes Mittel zur individuellen Betreuung, Betreuung und Nachhilfe. Traditionelle Unterrichtsmodelle werden den vielfältigen Lernbedürfnissen von Studierenden oft nicht gerecht, insbesondere in großen oder ressourcenbeschränkten Umgebungen. In der Leistungsbewertung bieten KI-gestützte Mentoring- und Nachhilfesysteme skalierbare, adaptive und jederzeit verfügbare Unterstützung und verändern die Rolle der Praxis, indem sie menschliche Anleitung nachahmen und ergänzen. Diese Systeme stellen einen Paradigmenwechsel in der Konzeption und Umsetzung von Mentoring und akademischer Unterstützung dar – und machen Lernen zugänglicher, reaktionsschneller und individueller.

Im Kern zielen KI-gestützte Mentoring- und Tutoring-Systeme darauf ab, die Unterstützung eines menschlichen Lehrers oder Mentors zu imitieren oder zu ergänzen. Dazu gehört die Klärung komplexer Standards, die Anleitung von Problemlösungsstrategien, emotionale Ermutigung und die Anpassung von Unterrichtsstrategien an individuelle Lernerprofile. Dank Fortschritten im maschinellen Lernen, der Verarbeitung natürlicher Sprache (NLP), der Technologiedarstellung und der Benutzermodellierung haben sich diese Systeme deutlich über ihre frühen Prototypen hinaus entwickelt. Heute können sie Gespräche simulieren, Lernverhalten in Echtzeit analysieren, Lernpfade anpassen und sogar empathisch auf die Gefühle der Lernenden reagieren.

Eine der ersten Anwendungen von KI in der Nachhilfe war die Entwicklung intelligenter Nachhilfesysteme (ITS) in den 1980er und 1990er Jahren. Diese Systeme, wie auch der Cognitive Tutor der Carnegie Mellon University und der AutoTutor der University of Memphis, basierten auf regelbasierter KI, die Fachwissen und pädagogisches Verständnis kodierte. Sie verwendeten eine dreistufige Struktur: ein Standortmodell, das die Anzahl der Aufgaben darstellt, ein Schülermodell, das das Wissen und den Fortschritt des Lernenden verfolgt, und ein pädagogisches Modell, das

Lernmethoden ermittelt. Obwohl diese Systeme bahnbrechend waren, waren sie oft unflexibel, teuer in der Entwicklung und auf bestimmte Problembereiche wie Algebra oder Physik beschränkt.

Mit dem Aufkommen von Big Data, Cloud Computing und fortschrittlichen maschinellen Lernstrategien in den 2010er Jahren erlebten KI-gestützte Nachhilfesysteme einen grundlegenden Wandel. Moderne Systeme sind nicht auf vordefinierte Richtlinien und Entscheidungsbäume beschränkt; sie nutzen stattdessen prädiktive Analysen und Stichprobenerkennung, um sich dynamisch anzupassen. Systeme wie Knewton, ALEKS und Squirrel AI in China nutzen große Datensätze, um Lernlücken zu identifizieren, Ergebnisse vorherzusagen und die Bereitstellung von Inhalten in Echtzeit anzupassen. Diese Plattformen analysieren kontinuierlich die Interaktionen der Nutzer und verfeinern ihre Lernmethoden, um sie besser an die kognitiven Fähigkeiten, das Lerntempo und die Präferenzen der Lernenden anzupassen.

Ein entscheidendes Merkmal KI-gestützter Nachhilfesysteme ist heutzutage ihre Fähigkeit zur kontinuierlichen und formativen Bewertung. Im Gegensatz zu herkömmlichen Tests, die nachträglich Kommentare abgeben, können KI-Nachhilfelehrer jeden Tastendruck, jede Antwort, jedes Zögern und jeden Klick erfassen und so ein umfassendes Verhaltensprofil des Schülers erstellen. Aus diesen Daten kann das System nicht nur die Beherrschung des Lernstoffs ableiten, sondern auch Erkenntnisse über Strategien, Motivationsstufen und sogar emotionale Zustände gewinnen. Wenn ein Schüler beispielsweise wiederholt Flüchtigkeitsfehler macht oder Anzeichen von Desinteresse zeigt, kann die KI mit ermutigenden Botschaften eingreifen, ein Bewertungsmodul anbieten oder zu einem anderen Lernformat wechseln.

Die Verarbeitung natürlicher Sprache hat das KI-gestützte Mentoring revolutioniert, indem sie es Systemen ermöglicht, menschenähnliche Dialoge zu erfassen und zu generieren. Virtuelle Verkäufer wie Chatbots oder sprachbasierte Tutoren können nun kontextbezogene Gespräche führen, Ideen erläutern, Fragen stellen und personalisierte Empfehlungen geben. Diese Verkäufer können sokratische Denktechniken simulieren und Schüler ermutigen, kritisch zu denken und ihre Argumente zu artikulieren. Einige Plattformen integrieren Spracherkennung und Stimmungsanalyse, um Tonfall, Druck und affektive Signale zu erfassen, sodass das Gerät empathisch reagieren und sein Verhalten anpassen kann.

Über die themenspezifische Nachhilfe hinaus hält KI nun auch Einzug in die Welt des ganzheitlichen Mentorings – sie gibt Anleitungen zu Zielsetzung, Zeitmanagement, Lerngewohnheiten und sogar zur beruflichen Weiterentwicklung. Virtuelle Mentoren wie IBMs Watson Tutor oder KI-Partner in Bildungsplattformen können Schüler bei der Erstellung von Unterrichtsplänen unterstützen, ihnen passende Kurse für ihre Karriereinteressen vorschlagen und ihnen Erinnerungen und motivierende Impulse geben. Diese Systeme nutzen aussagekräftige Datengraphen, Benutzerhistorien und prädiktive Modelle, um intelligente Hinweise zu geben, die sich mit dem Lernfortschritt des Schülers weiterentwickeln.

KI-Mentoring ist besonders in Kontexten wertvoll, in denen menschliche Mentoring-Ressourcen knapp oder unregelmäßig verfügbar sind. An unterfinanzierten Hochschulen, in abgelegenen Regionen oder während globaler Störungen wie der COVID-19-Pandemie haben KI-Systeme für Kontinuität und Fairness in der Unterrichtsunterstützung gesorgt. Sie bieten rund um die Uhr Erreichbarkeit, mehrsprachige Kompetenzen und die Möglichkeit, Tausende von Studierenden gleichzeitig zu betreuen, ohne die Qualität der Betreuung zu beeinträchtigen. Diese Skalierbarkeit macht KI-gestütztes Mentoring zu einer vielversprechenden Lösung, um Bildungsunterschiede zu überwinden und den Zugang zu angemessener Lernunterstützung zu demokratisieren.

Ein weiterer Trend ist die Integration von KI-gestütztem Tutoring in kollaborative und soziale Lernumgebungen. Plattformen erforschen derzeit, wie KI Peer-Tutoring, Gruppentestsitzungen und Diskussionsforen unterstützen kann. Beispielsweise kann KI die Kommunikation einer Gruppe analysieren, um Missverständnisse aufzudecken, wertvolle Beiträge hervorzuheben oder Ressourcen vorzuschlagen. Sie kann auch Studierende mit komplementären Stärken und Schwächen für Peer-Mentoring zusammenbringen. Dadurch unterstützt KI nicht nur die Persönlichkeit von Studienanfängern, sondern verbessert auch die Dynamik des kollaborativen Lernens.

Trotz dieser Vorteile bringt die Implementierung KI-gestützter Mentoring- und Nachhilfesysteme wesentliche Herausforderungen mit sich. Ein zentrales Thema ist der ethische Umgang mit Schülerdaten. Diese Systeme erfordern Zugriff auf einzigartige, nicht öffentliche Informationen, darunter Lerndaten, Verhaltensmuster und manchmal sogar biometrische Daten. Es ist entscheidend, sicherzustellen, dass die Daten transparent erfasst, sicher gespeichert und verantwortungsvoll genutzt werden. Es besteht zudem das Risiko algorithmischer Verzerrungen – KI-Systeme können unbeabsichtigt bestehende Ungleichheiten verstärken oder irrelevante Richtlinien auf Grundlage falscher Lerndaten bereitstellen.

Die emotionale und relationale Dimension menschlicher Mentoring-Arbeit ist ein weiterer Bereich, in dem KI noch auf Hindernisse stößt. KI-Tutoren können zwar bis zu einem gewissen Grad Empathie simulieren, es fehlt ihnen jedoch an tatsächlichem Verständnis, kulturellen Nuancen und dem moralischen Kompass menschlicher Mentoren. Eine übermäßige Abhängigkeit von KI-Strukturen könnte die menschlichen Bildungskomponenten, die Identität, Resilienz und ethisches Denken fördern, unbeabsichtigt entwerten. Daher sollte KI-gestütztes Mentoring als Ergänzung und nicht als Ersatz menschlicher Hilfe gesehen werden.

Um diese Herausforderungen zu bewältigen, gewinnen hybride Mentoring- und Nachhilfemodelle an Popularität. Dabei bietet KI grundlegende Unterstützung – sie bearbeitet wiederkehrende Fragen, gibt inhaltliche Hinweise und überwacht den Lernfortschritt – selbst wenn menschliche Lehrkräfte bei komplexen, emotionalen oder moralischen Problemen eingreifen. Lehrkräfte können KI-generierte Dashboards nutzen, um den Lernfortschritt der Schüler zu verfolgen, gefährdete Neulinge zu erkennen und ihre Interventionen effizienter anzupassen. Diese Partnerschaft zwischen Mensch und Maschine verbessert Skalierbarkeit und Benutzerfreundlichkeit.

Aus gestalterischer Sicht hängt der Erfolg von KI-Mentoring-Systemen von ihrer Benutzerfreundlichkeit, Transparenz und der Ausrichtung auf pädagogische Ziele ab. Die Benutzeroberflächen müssen intuitiv, kultursensibel und ansprechend gestaltet sein. Die Logik hinter den KI-Richtlinien muss sowohl für Studierende als auch für Lehrende verständlich sein, um Denken und Kompetenz zu fördern. Darüber hinaus müssen diese Systeme kontinuierlich evaluiert werden, um sicherzustellen, dass sie die Lernziele erfüllen und sich an die unterschiedlichen Bedürfnisse der Studierenden anpassen.

Vorausschauend betrachtet, dürfte die Zukunft von KI-gestütztem Mentoring und Nachhilfe durch verschiedene technologische und gesellschaftliche Trends geprägt sein. Die Entwicklung umfangreicher Sprachmodelle, einschließlich GPT-basierter Strukturen, ermöglicht flüssigere, kontextbezogene und mehrstufige Dialoge, die dem menschlichen verbalen Austausch sehr nahe kommen. KI wird proaktiver, erkennt die Wünsche der Lernenden und interveniert, bevor Probleme auftreten. Fortschritte im Affective Computing ermöglichen es Strukturen, sensibler auf die Emotionen der Schüler zu reagieren, Spannungen abzubauen und das Engagement zu verbessern.

Darüber hinaus ermöglicht die Konvergenz von KI mit Virtual Reality (VR) und Augmented Reality (AR) immersive Nachhilfekurse. Lernende können virtuelle Labore, historische Simulationen oder kollaborative Problemlösungsarenen besuchen, in denen KI-Mentoren sie in interaktiven Umgebungen durch komplexe Aufgaben führen. Diese Kurse verbessern nicht nur die Lernergebnisse, sondern bereiten die Studierenden auch auf zukünftige Berufe vor, die Flexibilität, Kreativität und technologische Kompetenz erfordern.

KI-gestützte Mentoring- und Tutoring-Systeme sind nicht nur eine technologische Innovation; sie definieren das

Bildungssystem neu. Durch personalisierte, zeitnahe und skalierbare Unterstützung können sie Leistungslücken schließen, lebenslanges Lernen fördern und Studierenden die Möglichkeit geben, ihre Bildungsreise selbst zu gestalten. Die Entwicklung dieser Funktion erfordert jedoch eine durchdachte Planung, ethische Steuerung und ein klares Verständnis der komplementären Rollen von Mensch und Maschine im Lernprozess.

In einer Welt, in der das Wissen rasant wächst und traditionelle Bildungsmodelle zunehmend überfordert sind, bieten KI-gestützte Mentoren und Tutoren eine Vision von reaktionsschnellem, integrativem und zukunftsfähigem Lernen. Ihr Erfolg wird nicht davon abhängen, wie gut sie Menschen nachahmen, sondern davon, wie wir sie gezielt einsetzen, um den menschlichen Geist der Neugier, des Wachstums und der Verbundenheit zu fördern.

2.6. Anpassung der Inhaltsbereitstellung mit KI

Die Bereitstellung von Inhalten in der Bildung verlief traditionell einheitlich, linear und standardisiert. Ob im Klassenzimmer, mit Lehrbüchern oder in den ersten E-Learning-Umgebungen – Schüler waren lange Zeit dem gleichen Tempo, den gleichen Materialien und den gleichen Lernmethoden ausgesetzt – unabhängig von ihren individuellen Lernbedürfnissen, Fähigkeiten oder Hobbys. Dieses Modell, obwohl ideal für die breite Bildung, berücksichtigt nicht die große Heterogenität der Lernenden. Mit dem Aufkommen und der Weiterentwicklung künstlicher Intelligenz (KI) erfährt dieses seit langem bestehende Spannungsfeld einen grundlegenden Wandel. KI ergänzt die Bereitstellung von Inhalten nicht nur, sondern revolutioniert sie, indem sie Materialien dynamisch anpasst, das Lernerlebnis in Echtzeit auf jeden Lernenden zuschneidet und eine Umgebung schafft, in der Bildung auf den Einzelnen reagiert, anstatt sich der Mensch an die Maschine anzupassen.

Die Anpassung der Inhaltsbereitstellung mithilfe von KI bezieht sich auf das System, durch das intelligente Strukturen Layout, Form, Zeitpunkt, Thema, Modalität und sogar die Sammlung von Lernmaterialien basierend auf der kontinuierlich überwachten Gesamtleistung, den Entscheidungen und Wünschen jedes Schülers regeln. Im Gegensatz zu statischen Systemen nutzen KI-gestützte Strukturen faktenbasierte Erkenntnisse, um pädagogische Entscheidungen zu treffen, die früher professionellen menschlichen Lehrkräften vorbehalten waren. Das Ergebnis ist ein personalisierteres, ansprechenderes und effektiveres Lernerlebnis.

Im Mittelpunkt dieses Bearbeitungsprozesses steht die Fähigkeit der KI, eine enorme Menge an Lernerdaten zu erfassen, zu interpretieren und darauf zu reagieren. Dazu gehören nicht nur quantitative Daten wie Testergebnisse,

Aufgabenzeit, Klickmuster und Antwortgenauigkeit, sondern auch differenziertere Indikatoren wie Zögern, Reaktionsselbstbewusstsein, Mimik (bei videobasierten Formaten), Stimmlage und Stimmungsanalyse. Durch die Aggregation dieser Daten und deren Einspeisung in prädiktive Modelle und Lernalgorithmen erstellen KI-Systeme umfassende Lernerprofile, die Aufschluss darüber geben, wie, wann und welche Inhalte vermittelt werden sollen.

Eine der frühesten Manifestationen der KI-gerechten Bereitstellung von Inhalten sind adaptive Lernsysteme wie DreamBox (für Arithmetik), Smart Sparrow (für die Hochschulbildung) und Knewton (für verschiedene Fächer der Klassen 1 bis 12). Diese Systeme analysieren kontinuierlich die Reaktionen der Erstsemester auf Unterrichtsinhalte und verwenden Algorithmen, um die nächste geeignete Aktivität zu bestimmen. Wenn ein Schüler beispielsweise ständig mit der Multiplikation mehrstelliger Zahlen kämpft, aber bei konzeptionellen Textaufgaben brilliert, kann sich das System anpassen, indem es bessere visuelle Hilfen bereitstellt, den Inhalt in kleinere Schritte unterteilt und grundlegende Rechenfähigkeiten stärkt, bevor die Komplexität wieder eingeführt wird.

KI passt sich nicht nur dem Schwierigkeitsgrad, sondern auch der Modalität des Inhalts an. Manche Anfänger gedeihen möglicherweise mit visuellen Erklärungen, während andere zusätzlich auditive Erzählungen oder praktische Simulationen benötigen. KI-Systeme, die mit maschinellem Lernen ausgestattet sind, können herausfinden, welche Formate bei jedem Lernenden die beste Einbindung und Bindung erzeugen und Inhalte in der jeweils passenden Form präsentieren. So kann beispielsweise einem Studierenden der Zellbiologie ein interaktives 3D-Modell einer Zelle zur Verfügung gestellt werden, während ein anderer – abhängig von seinen bisherigen Interaktionen und Leistungskennzahlen – eine kommentierte Animation oder eine textbasierte Schulung erhält.

Darüber hinaus hat die natürliche Sprachverarbeitung (NLP) das Potenzial der KI, maßgeschneidertes Inhaltsmaterial in sprachlicher Form bereitzustellen, dramatisch gesteigert. KI-gesteuerte Strukturen können nun Begründungen generieren, komplexe Gedanken umschreiben und auf Fragen von Schülern mithilfe einer Konversationssprache antworten, die dem Analyseniveau und dem Wortschatz des Lernenden entspricht. Chatbots und digitale Tutoren, die auf großen Sprachmodellen basieren, sind zunehmend in der Lage, aussagekräftige, kontextbewusste Dialoge zu führen und Definitionen, Erläuterungen und Beispiele bereitzustellen, die auf den aktuellen Wissensstand des Lernenden zugeschnitten sind.

In Sprachlernprogrammen wie Duolingo oder Elsa Speak passt KI nicht nur den Inhalt an, sondern auch das Lerntempo, die Hilfsmittel, die Art des Feedbacks und sogar die

Wiederholungshäufigkeit. Diese Systeme analysieren Aussprache, Grammatikfehler und das Engagement des Benutzers, um Übungsaufgaben zu erstellen, die Wissenslücken schließen, ohne den Lernenden zu überfordern. Ziel ist es, ein optimales Gleichgewicht zwischen Motivation und Unterstützung zu finden – ein Gleichgewicht, das akademische Theoretiker als „Zone der proximalen Entwicklung" bezeichnen. KI-Systeme suchen dynamisch nach dieser Zone für jeden Schüler und stellen sicher, dass der Inhalt weder zu einfach noch zu anspruchsvoll ist.

Ein weiterer wichtiger Bereich der KI-basierten Inhaltsbereitstellung ist das bewertungsorientierte Lernen. Formative Tests werden dabei nahtlos in das Lernerlebnis integriert, und ihre Ergebnisse wirken sich unmittelbar auf die nachfolgenden Inhalte aus. Anstatt auf Abschlussprüfungen zu warten, vergleichen KI-Systeme den Lernfortschritt kontinuierlich. Basierend auf den Ergebnissen in Mikrotests entscheidet die KI, ob der Schüler gefördert, bestimmte Themen wiederholt oder Inhalte anhand alternativer Beispiele und Analogien präsentiert werden sollen. Dadurch entsteht ein Feedback-Kreislauf, in dem Bewertung und Anleitung ineinandergreifen und so sowohl die Effektivität als auch die Effizienz steigern.

KI spielt auch eine wichtige Rolle bei der Anpassung der Inhaltssequenzierung – sie bestimmt die Reihenfolge, in der Themen oder Fähigkeiten vermittelt werden. Während herkömmliche Lehrpläne einem linearen Verlauf folgen, ermöglicht KI nichtlineare, flexible Lernpfade, die sich an den Lernfortschritt des Lernenden anpassen. Beispielsweise kann ein Schüler im Informatikstudium grundlegendes bedingtes Denken überspringen, wenn seine Leistung auf Beherrschung hindeutet, und stattdessen zu anspruchsvolleren algorithmischen Frageaufgaben weitergeleitet werden. Umgekehrt werden einem anderen Lernenden, der mit Syntaxproblemen zu kämpfen hat, möglicherweise zusätzliche Grundlagenmodule angeboten, bevor er mit der Planung beginnt. Dies ermöglicht differenzierten Unterricht im großen Maßstab.

Über die individuelle Ausgabe hinaus wird KI zunehmend eingesetzt, um die Vermittlung von Inhalten auf Klassen- oder Kohortenebene anzupassen. Intelligente Systeme können aggregierte Daten einer ganzen Klasse analysieren und dem Lehrer differenzierte Unterrichtspläne vorschlagen, wobei die Schüler nach Lernbedürfnissen, Stilen oder Fortschritten gruppiert werden. Dies ermöglicht ein effektiveres Klassenmanagement und stellt sicher, dass alle Schüler auch in unterschiedlichen oder leistungsgemischten Klassen eine angemessene pädagogische Unterstützung erhalten.

Der kontextbezogene Ansatz ist eine weitere wachsende Herausforderung. KI-Systeme beginnen, die Umgebung, die emotionale Welt und die kognitive Belastung des Lernenden zu berücksichtigen. Nutzt ein Schüler ein Mobilgerät in einer lauten oder ablenkenden Umgebung, kann das Gerät auf kürzere, fokussiertere Aufgaben umstellen. Wirkt der Schüler müde oder emotional desinteressiert (erkennbar durch Webcam-basierte Emotionserkennung oder Verhaltensanalyse), kann das System den Unterricht unterbrechen, ein Motivationsvideo anbieten oder zu einem spielbasierten Hobby wechseln, um die Aufmerksamkeit wiederherzustellen. Diese kontextabhängigen Anpassungen verbessern nicht nur die Lernergebnisse, sondern auch das Wohlbefinden und die Motivation.

Darüber hinaus kann KI die Bereitstellung mehrsprachiger Inhalte und Echtzeitübersetzungen unterstützen und so die Bildung für sprachlich vielfältige Bevölkerungsgruppen inklusiver gestalten. Eine einzelne Unterrichtsstunde kann automatisch in mehreren Sprachen bereitgestellt werden, oder Spracherkennung kann Schüler mit sofortigen Korrekturkommentaren beim Üben der Aussprache unterstützen. KI kann außerdem kulturelle Bezüge und Beispiele in Inhalten an die Herkunft der Lernenden anpassen und so die Identifikation und das Verständnis verbessern.

Da die Bereitstellung adaptiver Inhalte immer moderner wird, gewinnen ethische Überlegungen an Bedeutung. Die Personalisierung von Inhalten erfordert die Erfassung und Analyse sensibler Schülerdaten. Transparenz bei der Datenverwendung, die Einhaltung strenger

Sicherheitsprotokolle und die Möglichkeit für Schüler und Lehrende, die Personalisierungseinstellungen zu steuern, sind entscheidend für Vertrauen und Datenschutz. Darüber hinaus muss sichergestellt werden, dass das Modell nicht versehentlich Stereotypen verstärkt oder den Zugang zu vielfältigen Inhalten einschränkt. Wenn ein KI-System beispielsweise Schülern, die zunächst Schwierigkeiten haben, immer einfachere Materialien zuweist, kann dies deren Potenzial einschränken, anstatt ihre Entwicklung zu fördern.

Eine weitere Aufgabe besteht darin, pädagogische Kohärenz sicherzustellen. KI kann zwar die Bereitstellung von Inhalten für einzelne Kunden optimieren, sollte dies jedoch im Rahmen eines Lehrplans geschehen, der die konzeptionelle Integrität bewahrt und den Lernanforderungen entspricht. Ziel ist nicht die Bereitstellung zufälliger Lernfragmente, sondern die Bereitstellung kohärenter, aussagekräftiger und kumulativer Berichte für manuelle Neulinge. Dies erfordert eine sorgfältige Zusammenarbeit zwischen KI-Entwicklern, Pädagogen und akademischen Designern.

Die Rolle der KI bei der Anpassung der Content-Bereitstellung wird künftig voraussichtlich noch stärker werden. Fortschritte in der generativen KI ermöglichen es Systemen, im Handumdrehen völlig neue Inhalte zu erstellen – beispielsweise Beispiele, Quizze, Simulationen oder Lesepassagen, die auf die Lernbedürfnisse und -kontexte des Nutzers zugeschnitten sind.

Die Integration von Augmented Reality (AR) und Virtual Reality (VR) ermöglicht immersive, adaptive Inhalte, die in Echtzeit auf Bewegungen, Entscheidungen und das Verhalten von Nutzern reagieren. Emotional intelligente KI verfeinert die Art und Weise der Inhaltsbereitstellung und berücksichtigt dabei nicht nur kognitive, sondern auch affektive Zustände.

KI wird auch beim lebenslangen Lernen eine wichtige Rolle spielen und Erwachsenen helfen, sich gezielt weiterzubilden und ihre Fähigkeiten zu verbessern. Personalisierte Lernpfade können dynamisch generiert werden, basierend auf Karriereträumen, vorhandenen Fähigkeiten und Lernerfahrungen. Lernende werden durch adaptive Mikrozertifikate und modulare Lernökosysteme angeleitet.

Die Anpassung der Inhaltsbereitstellung mithilfe von KI markiert einen tiefgreifenden Wandel in der akademischen Philosophie und Praxis. Sie verwandelt Bildung von einem statischen, massenproduzierten Medium in ein dynamisches, lernorientiertes Erlebnis. Durch kontinuierliches Lesen, Anpassen und Optimieren der Inhaltsbereitstellung ermöglicht KI tiefere Einblicke, nachhaltiges Engagement und einen gleichberechtigten Zugang zu erstklassiger Bildung. Zwar bestehen weiterhin Herausforderungen, doch die Fähigkeit, Bildung an den individuellen Rhythmus, Stil und das Potenzial jedes Lernenden anzupassen, ist kein Traum – sie ist Realität.

KAPITEL 3

Klassenzimmer mit Unterstützung künstlicher Intelligenz

3.1. Die physische und digitale Rolle der KI in der Bildung

Die Integration künstlicher Intelligenz in die Bildung hat zu tiefgreifenden Veränderungen sowohl der physischen als auch der virtuellen Dimension von Lernumgebungen geführt. KI ist in Hörsälen nicht nur in Softwareprogrammen präsent, sondern umfasst auch Roboterassistenten, adaptive Lernplattformen und intelligente Infrastrukturen, die Lehr- und Lernprozesse optimieren. Im digitalen Bereich ermöglichen KI-gestützte Systeme individuelles Lernen, automatisieren administrative Aufgaben und bieten Studierenden und Lehrenden Echtzeit-Feedback. Um die vielfältige Rolle von KI in der Bildung zu verstehen, müssen ihre Auswirkungen auf traditionelle Klassenzimmer, Online-Lernstrukturen und die sich entwickelnde Beziehung zwischen Generation und Pädagogik analysiert werden.

Einer der sichtbarsten Aspekte von KI in der Bildung ist ihre Präsenz im Klassenzimmer. Schulen weltweit setzen Smartboards, KI-gesteuerte Nachhilferoboter und Sprachassistenten ein, um interaktives Lernen zu ermöglichen. Diese Geräte dienen als ergänzende Lehrkräfte und unterstützen Lehrkräfte bei der Unterrichtserteilung, der Beantwortung von Schüleranfragen und der Bereitstellung individualisierter Lernpfade.

Robotergestützte Lehrassistenten wurden beispielsweise in verschiedenen Bildungseinrichtungen eingesetzt, um Schüler in Fächern wie Mathematik, Technik und Sprachen zu unterstützen. Diese KI-gestützten Assistenten können die Gefühle der Schüler erkennen, auf Fragen reagieren und ihre Lehrmethoden an den Lernstil der Schüler anpassen. Ihre Fähigkeit, Schülerantworten in Echtzeit zu verarbeiten und zu analysieren, ermöglicht dynamische Unterrichtsanpassungen und stellt sicher, dass die Schüler eine auf ihre Bedürfnisse zugeschnittene Anleitung erhalten.

Ein weiterer wichtiger Einsatzbereich von KI in physischen Hörsälen ist der Einsatz intelligenter Überwachungs- und Hörsaalmanagementsysteme. KI-gestützte Kameras können das Engagement der Schüler überwachen, Ablenkungssymptome erkennen und sogar die Beteiligungsquote bewerten. Diese Statistiken helfen Lehrkräften, ihre Unterrichtsmethoden zu verfeinern und ein attraktiveres Hörsaalklima zu schaffen. Darüber hinaus kann KI administrative Aufgaben wie Anwesenheitskontrolle, Benotung von Aufgaben und die Organisation von Unterrichtsplänen automatisieren und so die Arbeitsbelastung der Lehrkräfte reduzieren.

Über den physischen Hörsaal hinaus spielt KI eine wichtige Rolle bei der Gestaltung des virtuellen Lernens. Online-Lernsysteme nutzen KI, um personalisierte Inhalte bereitzustellen, den Lernfortschritt der Schüler zu bewerten und Ressourcen basierend auf der individuellen Leistung zu empfehlen. KI-gestützte Lernmanagementsysteme (LMS) können das Verhalten der Schüler verfolgen, Lernlücken identifizieren und maßgeschneiderte physische Aktivitäten zur Verbesserung des Verständnisses empfehlen.

Einer der transformativsten Aspekte von KI in der digitalen Bildung ist adaptives Lernen. Im Gegensatz zu herkömmlichen Einheitslehrmethoden nutzen adaptive Lernsysteme KI-Algorithmen, um die Reaktionen der Schüler zu analysieren und den Schwierigkeitsgrad sportlicher Aktivitäten in Echtzeit anzupassen. Diese Strukturen unterstützen die Schüler dabei, in ihrem eigenen Tempo zu lernen, indem sie die Prinzipien festigen, mit denen sie sich auseinandersetzen, während sie bereits erlernte Inhalte überspringen. Diese Methode trägt maßgeblich zur Lerneffizienz und zum Behalten des Lernstoffs bei.

KI-gestützte Chatbots und digitale Tutoren sind ebenfalls wichtige Bestandteile virtueller Lernumgebungen geworden. Diese Tools bieten Studierenden sofortige Unterstützung, beantworten Fragen und führen sie durch komplexe Konzepte. Im Hochschulbereich unterstützen KI-gestützte Forschungsassistenten Studierende bei der Analyse großer Datenmengen, der Zusammenfassung wissenschaftlicher Arbeiten oder der Gewinnung von Erkenntnissen auf Grundlage maschineller Lernmodelle.

Da sich die Bildung zu einem hybriden Modell entwickelt, das Präsenz- und Online- Unterricht kombiniert, überbrückt KI die Distanz zwischen physischem und virtuellem Lernen. KI-gestützte Kollaborationstools ermöglichen eine nahtlose Kommunikation zwischen Schülern und Lehrern, unabhängig von ihrem Standort. Funktionen wie automatische Transkription, Echtzeitübersetzung und KI-generierte Zusammenfassungen tragen dazu bei, Lerninhalte für vielfältige Anfänger zugänglicher zu machen.

KI spielt auch eine entscheidende Rolle bei der Beurteilung der Schülerleistung in hybriden Lernumgebungen. Traditionelle Tests werden durch KI-gestützte Tests ergänzt oder ersetzt, die das Verständnis der Schüler durch kontinuierliche Bewertung statt durch Einzelergebnisse prüfen. KI-Systeme können Muster im Schülerverhalten erkennen, schulische Leistungen vorhersagen und Interventionsstrategien entwickeln, um Lernrückschläge zu vermeiden.

Trotz vieler Vorteile bringt der Einsatz von KI im Bildungswesen ethische und logistische Herausforderungen mit sich. Der Einsatz von KI-gestützter Überwachungsausrüstung beispielsweise weckt Bedenken hinsichtlich der Privatsphäre und Datensicherheit der Schüler. Schulen und Institutionen müssen sicherstellen, dass KI-Systeme ethische Regeln einhalten, um Voreingenommenheit, Datenmissbrauch und den Missbrauch von Schülerdaten zu verhindern.

Darüber hinaus gibt es möglicherweise eine anhaltende Debatte über die Rolle der KI bei der Veränderung menschlicher Pädagogen. KI kann zwar das Kennenlernen von Studien verschönern, spiegelt jedoch nicht die menschliche Note, emotionale Intelligenz und Betreuung durch Ausbilder wider. Anstatt Pädagogen zu verändern, muss KI als Werkzeug betrachtet werden, das ihre Fähigkeiten erweitert und es ihnen ermöglicht, sich auf kritisches Denken, Kreativität und zwischenmenschliche Fähigkeiten zu konzentrieren.

Die Rolle von KI im Bildungswesen erstreckt sich sowohl auf den physischen als auch auf den digitalen Bereich und revolutioniert die Art und Weise, wie Schüler lernen und Lehrer unterrichten. Von KI-gesteuerten Robotern in Klassenzimmern bis hin zu adaptiven Lernsystemen im Online-Unterricht – KI-getriebene Innovationen verändern die Lernlandschaft weiterhin. Der Erfolg der KI-Integration hängt jedoch von ethischen Überlegungen, einer effektiven Umsetzung und einem ausgewogenen Ansatz ab, der die wichtigen menschlichen Aspekte des Bildungswesens berücksichtigt. Mit der Weiterentwicklung der KI-Technologie wird ihr Einfluss auf die Bildung deutlich zunehmen und neue Möglichkeiten bieten, Zugänglichkeit, Engagement und individuelle Lernerlebnisse zu verbessern.

3.2. Lehrer-Schüler-Interaktion im KI-gestützten Unterricht

Künstliche Intelligenz revolutioniert die Interaktion zwischen Lehrkräften und Studierenden im akademischen Umfeld. Traditionelle Lernmethoden basieren auf direkter Kommunikation, persönlichem Austausch und strukturierten Lehrplänen. KI-gestützte Geräte verändern diese Dynamik jedoch durch die Einführung individueller Lernerfahrungen, automatisierter Kommentarmechanismen und intelligenter Tutorensysteme. Obwohl KI effizienteres Lernen ermöglichen kann, bleibt die zentrale Frage: Wie beeinflusst sie die Beziehung zwischen Lehrkraft und Schüler? Dieser Abschnitt untersucht die sich entwickelnde Rolle von KI im Hörsaal, ihre Auswirkungen auf die Interaktion zwischen Lehrkraft und Schüler und die Herausforderungen der Integration von KI unter Wahrung des menschlichen Wesens der Bildung.

KI fungiert als Brücke zwischen Schülern und Lehrern, indem sie administrative Aufgaben automatisiert, individuelle Hinweise liefert und das Engagement steigert. KI-gestützte Plattformen analysieren die Schülerleistung in Echtzeit und ermöglichen es Lehrern, sich auf individuelle Unterstützung zu konzentrieren, anstatt übermäßig viel Zeit mit Benotung, Unterrichtsplanung und Evaluation zu verbringen.

Beispielsweise unterstützen KI-gesteuerte Lernmanagementsysteme (LMS) den Lernfortschritt von Musikstudenten und bieten personalisierte Inhalte. Diese

Systeme erkennen Bereiche, in denen Studenten kämpfen, und empfehlen maßgeschneiderte physische Spiele, sodass Dozenten gezielte Unterstützung bieten können. KI unterstützt zudem die Sprachübersetzung und macht den Unterricht in mehrsprachigen Hörsälen zugänglicher.

Chatbots und virtuelle Assistenten ermöglichen es Schülern zudem, jederzeit Fragen zu stellen, auch außerhalb der Unterrichtszeiten. KI-Tutoren geben sofort Feedback, sodass Schüler Konzepte in ihrem eigenen Tempo üben können. Dies entlastet die Lehrkräfte und stellt gleichzeitig sicher, dass die Schüler kontinuierliche Unterstützung erhalten.

KI verbessert zwar die Leistung, ersetzt aber nicht die menschliche Verbindung zwischen Lehrkräften und Studierenden. Emotionale Führung, Mentoring und Motivation bleiben wichtige Elemente der Bildung, die KI nicht vollständig abbilden kann.

Einer der wichtigsten Beiträge der KI zur Bildung ist das personalisierte Lernen. Im Gegensatz zu herkömmlichen Methoden, die alle Schüler gleich behandeln, passt KI die Ausbildung an individuelle Lernstile, Präferenzen und Entwicklung an.

KI-gestützte adaptive Lernsysteme analysieren Schülerdaten und passen den Unterrichtsstil entsprechend an. Hat ein Schüler beispielsweise Schwierigkeiten mit Algebra, bietet das System zusätzliche körperliche Aktivitäten, Schritt-für-Schritt-Anleitungen und alternative Problemlösungsprozesse. Umgekehrt führt KI bei herausragenden Leistungen komplexere Prinzipien ein und hält das Interesse des Schülers aufrecht.

Aus Trainersicht ermöglicht personalisiertes Lernen, Schüler mit Leistungsschwächen zu identifizieren und einzugreifen, bevor die Leistung nachlässt. Lehrkräfte können KI-generierte Berichte nutzen, um das Engagement, die Beteiligung und das Verständnis der Schüler zu messen und so ihre Unterrichtsmethoden anzupassen.

Individuelles Lernen bringt jedoch auch anspruchsvolle Situationen mit sich. Eine übermäßige Abhängigkeit von KI-gestützten Systemen kann die persönliche Interaktion zwischen Lehrkräften und Schülern beeinträchtigen. Wenn Schüler überwiegend mit KI statt mit ihren Lehrkräften interagieren, verpassen sie die Möglichkeit, ihr kritisches Denken, ihre Zusammenarbeit und ihre sozialen Fähigkeiten zu erweitern. Ein Gleichgewicht zwischen KI-gestützter Personalisierung und direkter menschlicher Interaktion ist unerlässlich.

KI unterstützt das Engagement der Schüler durch interaktive Lernberichte. Gamification, Virtual Reality (VR) und KI-generierte Simulationen machen das Lernen intensiver und unterhaltsamer. KI-gestützte Sprachlern-Apps nutzen beispielsweise Spracherkennung und adaptive Quizze, um die Sprachkompetenz zu verbessern. Ebenso ermöglichen VR-gestützte KI-Programme den Schülern, alte Aktivitäten zu entdecken, virtuelle Technologieexperimente durchzuführen und sich praxisnah mit komplexen Konzepten auseinanderzusetzen.

KI fördert zudem die Zusammenarbeit. Intelligente Diskussionsforen analysieren Schülerbeiträge und schlagen passende Themen vor, was zu vertieften Diskussionen anregt. KI-gestützte Peer-Review-Tools ermöglichen positives Feedback und ermöglichen es den Schülern, voneinander zu lernen.

Trotz dieser Fortschritte sollte KI-gesteuertes Engagement die menschliche Interaktion ergänzen, anstatt sie zu ersetzen. Die Rolle eines Trainers geht über die Vermittlung von Inhalten hinaus; er weckt Interesse, regt Kreativität an und bietet emotionale Unterstützung. Während KI die Teilnahme fördert, bleibt der Trainer der Eckpfeiler eines sinnvollen Lernerlebnisses.

Die Integration von KI in die Lehrer-Schüler-Interaktion bringt zahlreiche anspruchsvolle Situationen mit sich:

1. Übermäßige Abhängigkeit von KI – Wenn KI die meisten Schülerinteraktionen übernimmt, könnte die Rolle des Lehrers in den Hintergrund treten. Schüler könnten sich zudem auf KI verlassen, um Antworten zu erhalten, anstatt Problemlösungsfähigkeiten zu entwickeln.

2. Datenschutz und Datensicherheit – KI-Systeme erfassen umfangreiche Daten von Studierenden. Um die

Datensicherheit zu gewährleisten, ist es entscheidend, dass diese Daten umfassend geschützt und ethisch korrekt verwendet werden.

3. Gleichberechtigung und Zugänglichkeit – KI-gestützte Bildung sollte inklusiv sein. Ungleichheiten beim Zugang zu KI-Tools könnten die virtuelle Kluft vergrößern und Schüler aus benachteiligten Regionen benachteiligen.

4. Verzerrung in KI-Algorithmen – KI-Systeme sollten anhand verschiedener Datensätze lernen, um Verzerrungen zu vermeiden, die sich auf personalisierte Lernregeln auswirken könnten.

5. Menschliche Bindung beim Lernen – Bildung ist nicht nur Wissensvermittlung; es geht vielmehr um Mentoring, Ermutigung und menschliche Bindung. KI sollte die menschlichen Beziehungen im Klassenzimmer unterstützen, anstatt sie zu ersetzen.

KI verändert die Interaktion zwischen Lehrern und Schülern durch Personalisierung des Lernens, Automatisierung von Aufgaben und Verbesserung des Engagements. KI verbessert zwar die Leistung, kann aber die Mentorschaft, emotionale Unterstützung und Kreativität der Lehrer im Klassenzimmer nicht ersetzen. Die Herausforderung besteht darin, KI so zu integrieren, dass die menschliche Interaktion verbessert und nicht beeinträchtigt wird. Durch dieses Gleichgewicht kann KI zu einem wirksamen Verbündeten in der Bildung werden und sowohl Lehrern als auch Schülern beim Kennenlernen helfen.

3.3. Intelligente Klassenzimmer und Bildungstechnologie

Das Konzept intelligenter Klassenzimmer hat den konventionellen Unterricht revolutioniert, indem es künstliche Intelligenz (KI), maschinelles Lernen und fortschrittliche virtuelle Technologien in die Lernumgebung integriert. Da KI-gesteuerte Lerngeräte immer ausgefeilter werden, verändern sie die Lehrmethoden von Lehrern und das Lernen von Schülern. Intelligente Klassenzimmer bieten individuelles Lernen, interaktive Berichte und automatische Bewertungssysteme, die die Lernergebnisse verbessern. Die Integration dieser Technologien bringt jedoch auch Herausforderungen in Bezug auf Zugänglichkeit, Datenschutz und die sich wandelnde Rolle von Lehrkräften mit sich. Dieser Abschnitt untersucht die Auswirkungen intelligenter Klassenzimmer, die Rolle KI-gesteuerter Lerntechnologie und die Zukunft virtueller Lernumgebungen.

Intelligente Klassenzimmer haben sich gegenüber herkömmlichen Lernmethoden, die auf Lehrbüchern, Tafeln und direktem, lehrergeführtem Unterricht basierten, deutlich weiterentwickelt. Die Integration virtueller Werkzeuge begann mit Projektoren, Online- Ressourcen und frühen

Lernmanagementsystemen (LMS). Heute nutzen KI-gestützte intelligente Klassenzimmer Echtzeit-Datenauswertung, adaptive Lernsysteme und interaktive Technologien, um dynamische Lernumgebungen zu schaffen.

Zu den Hauptmerkmalen intelligenter Hörsäle gehören:

• KI-gestütztes adaptives Lernen, das den Unterricht vollständig auf der Grundlage der Leistung einzelner Schüler personalisiert.

• Augmented Reality (AR) und Virtual Reality (VR) für immersive Lernstudien.

• Interaktive Whiteboards und Geräte zur virtuellen Zusammenarbeit, die das Engagement verbessern.

• Automatisierte Anwesenheits- und Bewertungsstrukturen auf Basis von KI-Analysen.

• KI-Chatbots und virtuelle Assistenten, die Studenten und Dozenten in Echtzeit unterstützen.

Mithilfe dieser Technologien können Pädagogen über Einheits-Coaching-Strategien hinausgehen und sicherstellen, dass jeder Schüler individuelle Übungen erhält, die seinem Lerntempo und -stil entsprechen.

Die KI-gesteuerte Unterrichtsgenerierung verändert die Art und Weise, wie Pädagogen unterrichten, grundlegend, indem sie Routineaufgaben automatisiert, die Lehrplangestaltung verbessert und datengestützte Erkenntnisse präsentiert.

KI reduziert den Verwaltungsaufwand für Lehrkräfte und ermöglicht ihnen, sich auf die direkte Einbindung der Schüler zu konzentrieren. Aufgaben wie die Benotung von Aufgaben, die Terminplanung und die Anwesenheitskontrolle werden zunehmend über KI-gestützte Systeme verwaltet.

KI-gestützte Bewertungstools analysieren beispielsweise die Antworten der Schüler und bieten sofortiges Feedback. Dadurch sparen Lehrkräfte Stunden an manueller Benotung. Automatisierte Anwesenheitssysteme erfassen die Anwesenheit der Schüler anhand von Gesichtserkennung und machen so Anwesenheitskontrollen überflüssig.

Einer der größten Vorteile von KI in intelligenten Hörsälen ist die Möglichkeit, den Unterricht individuell auf die einzelnen Studierenden zuzuschneiden. Adaptive Lernsysteme analysieren Leistungsdaten in Echtzeit und passen die Inhalte entsprechend an.

Wenn ein Schüler beispielsweise mit einem bestimmten mathematischen Konzept Schwierigkeiten hat, kann das KI-Gerät zusätzliche Sportereignisse, erklärende Videos oder interaktive Simulationen anbieten. Umgekehrt können fortgeschrittene Schüler auf anspruchsvolleres Material zugreifen und so für kontinuierliches Engagement sorgen.

KI-gestützte Nachhilfesysteme bieten Studierenden jederzeit Unterstützung auf Abruf, bieten Motivations- und Trainingsangebote an, wann immer sie benötigt werden.

Chatbots, die auf natürlicher Sprachverarbeitung (NLP) basieren, können häufige Fragen beantworten, Lernmaterialien unterstützen und Studierende durch komplexe Themen führen.

KI-Tutoren überbrücken die Distanz zwischen Unterricht im Klassenzimmer und unabhängiger Beobachtung und stellen sicher, dass die Schüler auch außerhalb der Unterrichtszeiten ununterbrochen Hilfe erhalten.

Intelligente Klassenzimmer beinhalten neue Technologien wie Augmented Reality (AR), virtuelle Realität (VR) und Gamification, um das Lernen spannender und interaktiver zu gestalten.

AR- und VR-Technologien ermöglichen es Schülern, Themen auf eine Weise zu erkunden, die mit herkömmlichen Strategien nicht möglich ist.

• Virtuelle Exkursionen: Schüler können antike Stätten besuchen, das Sonnensystem entdecken oder digitale Technologieexperimente durchführen.

• Medizinische und technische Simulationen: Medizinstudenten können chirurgische Techniken mithilfe von VR üben, während Ingenieurstudenten Systeme in einer virtuellen Umgebung entwerfen und testen können.

• Verbesserung des Spracherwerbs: AR-basierte Übersetzungstools helfen Schülern, neue Sprachen durch immersive Erlebnisse zu lernen.

Diese Technologien ermöglichen attraktive, praxisnahe Lernberichte, die die Wissensspeicherung und das Wissen verbessern.

Gamification wendet Spiellayout-Elemente auf Lernumgebungen an, um Motivation und Beteiligung zu steigern. KI-gesteuerte Lernspiele belohnen Schüler für Fortschritte, geben sofortiges Feedback und passen den Schwierigkeitsgrad an die Gesamtleistung an.

Beispielsweise nutzen KI-basierte Sprachlern-Apps wie Duolingo Gamification, um durch Punkte, Abzeichen und Fortschrittsüberwachung zum kontinuierlichen Lernen zu ermutigen.

Indem das Lernen unterhaltsam und interaktiv gestaltet wird, verbessert Gamification das Engagement der Schüler und fördert ein tieferes Verständnis komplizierter Themen.

Intelligente Klassenzimmer bieten zwar zahlreiche Vorteile, bringen aber auch einige Herausforderungen und moralische Bedenken mit sich, die angegangen werden müssen:

Nicht alle Studierenden haben den gleichen Zugang zu KI-gestützter Bildungstechnologie. Sozioökonomische Unterschiede können den Zugang zu intelligenten Klassenzimmern einschränken und so eine Bildungslücke zwischen privilegierten und unterversorgten Gruppen schaffen. Die Gewährleistung eines breiten Zugangs zu KI-gestützten

Lernmitteln ist für die Bildungsgerechtigkeit von entscheidender Bedeutung.

KI-gesteuerte Bildungssysteme erfassen enorme Mengen an Schülerdaten und geben Anlass zu Bedenken hinsichtlich Datenschutz und Sicherheit. Schulen und Institutionen sollten strenge Datenschutzmaßnahmen ergreifen, um Schülerdaten zu schützen und unbefugte Nutzung zu verhindern.

KI steigert zwar die Effizienz, kann aber die menschliche Verbindung zwischen Lehrenden und Studierenden nicht ersetzen. Emotionale Intelligenz, Mentoring und soziale Interaktion bleiben wichtige Aspekte der Ausbildung. Die Aufgabe besteht darin, KI so zu integrieren, dass sie den menschlichen Aspekt des Unterrichts unterstützt, anstatt ihn zu ersetzen.

KI-Systeme müssen verschiedene Datensätze analysieren, um Verzerrungen zu vermeiden, die sich auf die Bildungsergebnisse auswirken könnten. Werden sie nicht gut gesteuert, können KI-Algorithmen bestehende Ungleichheiten verstärken und bestimmte Gruppen gegenüber anderen bevorzugen.

Da sich KI und Bildungsgeneration ständig anpassen, wird die Zukunft intelligenter Klassenzimmer wahrscheinlich aus Folgendem bestehen:

• KI-gesteuerte holografische Lehrer, die Unterricht in Echtzeit anbieten.

• Blockchain-basierte Berechtigungsnachweise, um stabile und überprüfbare Bildungsunterlagen sicherzustellen.

• Beherrschung neuronaler Schnittstellen, die KI ohne Verzögerung in die Gehirnwellenaktivität integrieren, um die Wahrnehmung zu verbessern.

• Autonome KI-Lehrassistenten, die Pädagogen mit Echtzeit-Einblicken und automatisierter Unterrichtsplanung unterstützen.

Der Zweck intelligenter Hörsäle besteht nicht immer darin, die traditionelle Ausbildung zu modernisieren, sondern sie durch die Bereitstellung maßgeschneiderter, effizienter und attraktiver Lernberichte zu verschönern.

Intelligente Klassenzimmer und KI-gestützte Unterrichtstechnologie verändern das Lernerlebnis durch personalisierten Unterricht, verbessertes Engagement und die Automatisierung administrativer Aufgaben. Diese Fortschritte bieten zwar enorme Vorteile, doch müssen auch Herausforderungen in Bezug auf Zugänglichkeit, Datenschutz und die sich wandelnde Rolle der Lehrkräfte angegangen werden. Die Zukunft der Bildung liegt darin, ein Gleichgewicht zwischen Generation und menschlicher Interaktion zu finden und sicherzustellen, dass KI konventionelle Lehrmethoden ergänzt, anstatt sie zu ersetzen.

KAPITEL 4

Ethische und soziale Dimensionen von KI in der Bildung

4.1. Ethische Fragen in der Bildung mit KI

Die Integration Künstlicher Intelligenz (KI) in die Bildung wirft zahlreiche ethische Fragen auf, die berücksichtigt werden müssen, um sicherzustellen, dass diese technologische Entwicklung sowohl nützlich als auch fair ist. Das Potenzial der KI, die Bildung zu revolutionieren, ist enorm, birgt jedoch auch Gefahren, die sich auf Studierende, Lehrende und die Gesellschaft als Ganzes auswirken können.

Eines der drängendsten ethischen Probleme im Zusammenhang mit KI im Bildungswesen ist die Voreingenommenheit. KI-Systeme basieren auf großen Datensätzen. Wenn diese Datensätze verzerrte Statistiken enthalten, kann die KI diese Voreingenommenheit unbeabsichtigt aufrechterhalten oder sogar verstärken. Wenn beispielsweise KI-Systeme zur Benotung oder Bewertung auf verzerrten Daten basieren, die bestimmte Bevölkerungsgruppen begünstigen, können auch Studierende aus unterrepräsentierten Gruppen unfairen Risiken ausgesetzt sein. Dies kann zu Ungleichheiten bei den Bildungsergebnissen führen und die Prinzipien von Gleichheit und Gerechtigkeit untergraben, die Bildungssysteme zu wahren versuchen.

Darüber hinaus können Verzerrungen in der KI nicht nur die Benotung, sondern auch das personalisierte Lernen beeinflussen. KI-Algorithmen, die die Leistung von Schülern analysieren und maßgeschneiderte Lernressourcen vorschlagen, könnten versehentlich Inhalte priorisieren, die bestimmte kulturelle, sozioökonomische oder geschlechtsspezifische Vorurteile widerspiegeln. Es ist wichtig, dass Pädagogen, politische Entscheidungsträger und KI-Entwickler bei der Bewältigung dieser Probleme zusammenarbeiten, indem sie sicherstellen, dass die Lerndatensätze vielfältig, repräsentativ und frei von Verzerrungen sind, die sich negativ auf gefährdete Schülergruppen auswirken könnten.

Ein weiteres großes ethisches Problem ist der Datenschutz. KI-Technologien im Bildungsbereich erfordern häufig die Erfassung und Auswertung großer Mengen privater Statistiken, um maßgeschneiderte Lernberichte zu erstellen. Diese Daten können auch sensible Informationen über den akademischen Werdegang, das Verhalten, die Fitness oder sogar die sozialen Interaktionen eines Schülers enthalten. Die große Menge solcher Daten verstärkt die Sorge um die Sicherheit und den Datenschutz von Schülerakten.

Schulen und Bildungseinrichtungen sollten Transparenz darüber gewährleisten, wie Schülerdaten erhoben, gespeichert und verwendet werden. Es sollten klare Richtlinien zur Einwilligung vorhanden sein, und Schüler (und ihre Erziehungsberechtigten) sollten vollständig darüber informiert sein, welche Daten erhoben und wie sie verwendet werden. Darüber hinaus sollten strenge Cybersicherheitsmaßnahmen ergriffen werden, um diese Daten vor unbefugtem Zugriff oder

Datenlecks zu schützen, da sensible Daten bei Bekanntwerden missbraucht werden können.

Die Fähigkeit der KI, den Lernfortschritt von Schülern in Echtzeit zu überwachen und zu verfolgen, wirft zudem Fragen zur Überwachung auf. Echtzeit-Feedback kann zwar für personalisiertes Lernen hilfreich sein, doch besteht eine enge Grenze zwischen der Bereitstellung nützlicher Erkenntnisse und der Beeinträchtigung der Autonomie und Privatsphäre der Schüler. Die richtige Balance zwischen informationsbasierter Bildung und Privatsphäre ist entscheidend, um einen ethischen Einsatz von KI-Technologien im Bildungsbereich zu gewährleisten.

Mit der zunehmenden Einbindung von KI in akademische Umgebungen stellt sich die Rolle von Lehrkräften. Manche argumentieren, dass KI menschliche Lehrkräfte ersetzen oder ihre Autorität im Hörsaal verringern sollte. KI kann zwar bei der Automatisierung administrativer Aufgaben, der Benotung und der Bereitstellung personalisierter Lernmaterialien helfen, doch die Rolle der Lehrkraft bei der Anleitung von Studierenden, der emotionalen Unterstützung und der Förderung sozialer Interaktion bleibt unersetzlich.

Die ethische Frage dreht sich hier darum, wie KI Lehrkräfte ergänzen und unterstützen kann, ohne ihre Rolle im Unterrichtsprozess zu beeinträchtigen. KI sollte als Instrument betrachtet werden, das Lehrkräfte stärkt und ihnen hilft, sich stärker auf anspruchsvolle Aufgaben wie Schülerengagement und kritisches Denken zu konzentrieren, anstatt die Lehrer-Schüler-Beziehung zu ersetzen. Lehrkräfte sollten sich an der Implementierung von KI im Klassenzimmer beteiligen, um sicherzustellen, dass sie ihre Unterrichtspraktiken ergänzt und nicht ersetzt.

Der Einsatz von KI im Bildungswesen könnte bestehende Ungleichheiten verschärfen. KI bietet zwar die Möglichkeit, personalisierte Lernerfahrungen zu ermöglichen und Studierende mit unterschiedlichen Bedürfnissen zu unterstützen, erfordert aber auch enorme Investitionen in Technologie und Infrastruktur. Schulen in wohlhabenderen Regionen könnten Zugang zu fortschrittlicher KI-gestützter Bildungsausstattung haben, während Schulen in unterfinanzierten oder marginalisierten Gruppen diesen Zugang möglicherweise nicht haben.

Diese digitale Kluft schafft ein moralisches Dilemma, da ungleicher Zugang zu KI-basierten Bildungsressourcen zu weiteren Ungleichheiten in der Bildungsqualität führen kann. Schülerinnen und Schüler in sozial schwachen Regionen haben nicht die gleichen Chancen wie ihre wohlhabenderen Mitschülerinnen und Mitschüler, was die Erfolgslücke vergrößert. Um dies zu mildern, müssen Regierungen, Bildungseinrichtungen und Technologieagenturen zusammenarbeiten, um allen Schülerinnen und Schülern unabhängig von ihrem sozioökonomischen Hintergrund einen gleichberechtigten Zugang zu KI-gestützten Geräten und Bildungsressourcen zu gewährleisten.

Die Rolle von KI in der Bildung verstärkt zudem die Bedenken hinsichtlich der Autonomie der Schüler und der Gefahr einer übermäßigen Abhängigkeit von der Technologie. Da KI-Systeme maßgeschneiderte Lernberichte liefern, besteht die Gefahr, dass Schüler zu sehr von der Technologie abhängig werden, um ihr Lernen zu steuern. Dies führt zu mangelnder Selbstmotivation, kritischem Denken und Problemlösungskompetenz. Bildung muss darauf abzielen, unvoreingenommenes Denken, Kreativität und lebenslanges Lernen zu fördern, anstatt passive Anfänger zu entwickeln, die sich ausschließlich auf KI-Systeme verlassen, um zu bestimmen, was und wie sie lernen.

Um dieses Problem zu lösen, ist es wichtig sicherzustellen, dass KI-Systeme die Bedeutung menschlichen Handelns im Lernprozess nicht überschatten. Schüler sollten ermutigt werden, die ihnen über KI-Systeme bereitgestellten Inhalte gründlich zu reflektieren und aktiv mit Lernmaterialien zu interagieren. KI kann das Lernen unterstützen, sollte aber niemals die Rolle der Schüler bei der Gestaltung ihrer eigenen Bildung verändern.

Die ethischen Auswirkungen von KI im Bildungsbereich wirken sich auch auf den Design- und Implementierungsprozess aus. Bei der Integration von KI-

Technologien in Bildungseinrichtungen ist es wichtig, dass sie zugänglich, inklusiv und unter Berücksichtigung der Bedürfnisse aller Schüler konzipiert sind. KI-Tools dürfen bestimmte Lernstile, Behinderungen oder kulturelle Hintergründe nicht bevorzugen und gleichzeitig andere vernachlässigen.

Inklusives Design ist entscheidend, um sicherzustellen, dass KI-Technologie für alle funktioniert, auch für Schüler mit Behinderungen. KI-Tools können beispielsweise eingesetzt werden, um sehbehinderten Schülern Text-to-Speech-Funktionen bereitzustellen oder Lernmaterialien für Schüler mit Lernbehinderungen anzupassen. Die Entwicklung von KI-Tools sollte jedoch vielfältige Gruppen einbeziehen, die die Bedürfnisse aller Schülergruppen verstehen und berücksichtigen können, um zu verhindern, dass bestimmte Gruppen versehentlich ausgeschlossen oder benachteiligt werden.

Schließlich stellt sich die Frage nach den langfristigen ethischen Auswirkungen von KI in der Bildung. Da sich KI weiter anpasst und weiterentwickelt, wird sie die gesellschaftliche Wahrnehmung von Bildung erheblich verändern. Wird KI-gestützte Bildung zu einer gebildeteren und leistungsfähigeren Gesellschaft führen oder bestehende soziale und wirtschaftliche Unterschiede verschärfen? Wird sie menschliche Fähigkeiten fördern oder menschliche Handlungsfähigkeit und Kreativität einschränken?

Dies sind entscheidende Fragen, die sorgfältiger Betrachtung bedürfen. Ethische Rahmenbedingungen für KI in der Bildung müssen die möglichen langfristigen Auswirkungen der Ära berücksichtigen und eine Zukunft anstreben, in der KI das menschliche Lernen unterstützt und bereichert, anstatt es zu beeinträchtigen.

Die ethischen Probleme im Zusammenhang mit KI im Bildungswesen sind komplex und vielschichtig. Sie umfassen Bedenken hinsichtlich Voreingenommenheit, Datenschutz, Lehrerrollen, Zugangsrechten, Autonomie, Gerechtigkeit und den langfristigen Auswirkungen der Generation. Da KI weiterhin die Zukunft der Bildung prägt, ist es wichtig, diese ethischen Bedenken so zu berücksichtigen, dass Gerechtigkeit, Inklusivität und das Wohlbefinden aller Studierenden gefördert werden. Durch einen durchdachten, kollaborativen Ansatz bei der Integration von KI können wir sicherstellen, dass dieses leistungsstarke Instrument verantwortungsvoll und effektiv eingesetzt wird, um das Lernen für kommende Generationen zu verbessern.

4.2. KI und Privatsphäre der Studierenden

Künstliche Intelligenz (KI) verändert die Bildung, wirft aber auch große ethische Fragen hinsichtlich der Privatsphäre der Schüler auf. Da KI-Systeme zunehmend in Bildungsumgebungen integriert werden, werden große Mengen an Schülerdaten gesammelt, verarbeitet und gespeichert, was Fragen zum Schutz personenbezogener Daten aufwirft.

KI-Systeme in der Ausbildung sind auf die Erfassung großer Mengen an Schülerdaten angewiesen, um Lernerfahrungen individuell anzupassen. Um maßgeschneiderte Inhalte und Feedback bereitzustellen, benötigen KI-Systeme häufig detaillierte Daten zum Bildungsverlauf, zu Prüfungsergebnissen, zu Verhaltensdaten und manchmal auch zu sozialen Interaktionen der Schüler. Das oberste Ziel ist die Schaffung individualisierter Lernpfade, die den Schülern zum Erfolg verhelfen. Dies geht jedoch auf Kosten potenzieller Datenschutzverletzungen.

Die Vorteile der Datenerfassung in der pädagogischen KI liegen auf der Hand; die Risiken für die Privatsphäre sind jedoch enorm. Persönliche Daten, einschließlich akademischer Aufzeichnungen, Verhaltensmuster und sogar biometrischer Daten, können unbefugtem Zugriff und Missbrauch ausgesetzt sein. Bildungseinrichtungen sollten sicherstellen, dass die ausdrückliche und informierte Zustimmung der Studierenden eingeholt wird, bevor ihre Daten erhoben und verwendet werden. Darüber hinaus sollten KI-Entwickler transparent mit Schülerdaten umgehen und strenge Datenschutzrichtlinien einhalten, um Missbrauch zu vermeiden.

Einer der wichtigsten Vorteile von KI im Bildungsbereich ist die Fähigkeit, das Lernen und Verhalten der Schüler kontinuierlich zu überwachen. KI-Systeme können die

Teilnahme am Unterricht, die Prüfungsleistung, das Lerntempo und sogar die Interaktion mit Lerninhalten protokollieren. Diese Informationen sind wertvoll, um den Lernerfolg zu optimieren, Stärken und Schwächen der Schüler zu identifizieren und gezielte Unterstützung anzubieten.

Die ständige Überwachung verstärkt jedoch die Sorge um die Privatsphäre der Studierenden. Die ständige Aufzeichnung ihres Verhaltens vermittelt ihnen das Gefühl, beobachtet oder beurteilt zu werden, was zu Unbehagen und Anspannung führen kann. Das Gefühl, ständig beobachtet zu werden, kann die Fähigkeit der Studierenden, frei zu lernen, einschränken, da das Wissen, dass jede ihrer Bewegungen aufgezeichnet wird, psychisch belastend sein kann. Die Möglichkeit einer invasiven Überwachung stellt eine Herausforderung für die Aufrechterhaltung einer gesunden Lernumgebung dar, in der sich die Studierenden sicher und motiviert fühlen, an ihren Studien teilzunehmen.

Die Sicherheit von Schülerdaten ist beim Einsatz von KI im Bildungswesen von größter Bedeutung. Persönliche Daten, die über KI-Systeme erfasst werden, müssen sicher gespeichert, vor unbefugtem Zugriff geschützt und streng vertraulich behandelt werden. Da viele Bildungssysteme Cloud-basiert sind, werden Schülerdaten auf externen Servern gespeichert und sind daher anfällig für Cyberangriffe und Datenlecks. Es ist wichtig, dass Bildungseinrichtungen strenge

Cybersicherheitsmaßnahmen ergreifen, um die Privatsphäre der Schülerdaten zu schützen.

Darüber hinaus müssen KI-Entwickler strenge Protokolle einhalten, um Daten sowohl während der Übertragung als auch im Ruhezustand zu schützen. Verschlüsselung, Zugriffskontrolle und regelmäßige Sicherheitsüberprüfungen sind entscheidend, um unbefugten Zugriff zu verhindern und den Schutz sensibler Daten zu gewährleisten. Institutionen sollten Studierenden außerdem Transparenz darüber bieten, wie ihre Daten verwendet werden und welche Sicherheitsvorkehrungen getroffen wurden, um ihre Sicherheit zu gewährleisten.

Eine weitere ethische Herausforderung im KI-Unterricht ist die unbefugte Nutzung von Schülerdaten. Obwohl KI-Systeme das Lernen personalisieren und die Lernergebnisse verbessern sollen, besteht die Gefahr, dass Daten für kommerzielle Zwecke oder für ursprünglich nicht vorgesehene Zwecke missbraucht werden. Beispielsweise könnten Schülerdaten an Dritte verkauft oder für gezielte Werbung verwendet werden, was die Privatsphäre der Schüler gefährden könnte.

Um diese Risiken zu minimieren, ist es entscheidend, dass KI-Systeme für Bildungseinrichtungen so konzipiert sind, dass der Datenschutz oberste Priorität hat. Schülerdaten dürfen nur für Bildungszwecke verwendet und nicht ohne ausdrückliche Zustimmung weitergegeben werden. Darüber hinaus müssen

KI-Systeme ihre Datennutzungsregeln transparent machen, und Schüler müssen Kontrolle über ihre persönlichen Daten haben, einschließlich der Möglichkeit, die Datenerfassung abzulehnen oder die Löschung ihrer Daten zu beantragen.

Die durch KI ermöglichte kontinuierliche Überwachung im Unterricht kann auch psychologische Auswirkungen auf die Schüler haben. Das Wissen, dass jeder Pass, jede Lösung und jede Interaktion aufgezeichnet wird, kann Ängste auslösen und sich negativ auf das psychische Wohlbefinden der Schüler auswirken. Schüler können zudem das Gefühl haben, regelmäßig bewertet zu werden, was sich negativ auf ihr Lernerlebnis auswirken kann.

Darüber hinaus kann diese Überwachung die Autonomie und das Selbstvertrauen der Schüler beeinträchtigen. Wenn Schüler das Gefühl haben, dass ihre Privatsphäre verletzt wird, sind sie weniger bereit, sich im Klassenzimmer frei auszudrücken, was ihre Lern- und Entwicklungsmöglichkeiten einschränkt. Der Druck, für ein KI-System statt für einen menschlichen Lehrer zu arbeiten, kann Risikobereitschaft und Kreativität hemmen, die wichtige Aspekte des Lernens sind.

Da KI immer stärker in die Bildung integriert wird, ist es unerlässlich, ethische Richtlinien zum Schutz der Privatsphäre der Schüler zu etablieren. Bildungseinrichtungen, KI-Entwickler und politische Entscheidungsträger müssen gemeinsam einen Rahmen schaffen, der einen verantwortungsvollen Umgang mit KI gewährleistet und gleichzeitig die Datenschutzrechte der Schüler respektiert. Diese Richtlinien sollten festlegen, wie Schülerdaten erhoben, gespeichert und weitergegeben werden und welche Maßnahmen zum Schutz vor Missbrauch ergriffen werden.

KI-Entwickler müssen Datenschutz auch durch Designstandards in ihren Strukturen gewährleisten, d. h., Datenschutzbelange werden von Anfang an in den Entwicklungsprozess integriert. Transparenz und Verantwortung sind wichtige Bestandteile dieses Ansatzes. Studierende sollten über die Verwendung ihrer Daten informiert sein und die Kontrolle über ihre persönlichen Daten haben. Darüber hinaus müssen die Institutionen den Studierenden die Möglichkeit geben, auf ihre Daten zuzugreifen, sie zu ändern oder zu löschen, falls sie dies wünschen.

Obwohl KI das Potenzial hat, die Bildung zu revolutionieren, ist es unerlässlich, dass die Privatsphäre der Studierenden innerhalb des Systems geschützt wird. Da KI-Systeme zunehmend Daten von Studierenden sammeln und verarbeiten, werden die Bedenken hinsichtlich Datenschutz, Sicherheit und ethischem Umgang mit Daten weiter zunehmen. Bildungseinrichtungen und KI-Entwickler müssen die Privatsphäre der Studierenden schützen und einen verantwortungsvollen Umgang mit KI sicherstellen. Durch die Priorisierung von Transparenz, Sicherheit und

Schülereinwilligung kann KI genutzt werden, um die Ausbildung zu verbessern, ohne die Datenschutzrechte der Studierenden zu beeinträchtigen.

4.3. KI und die Lehrer-Schüler-Beziehung

Die Integration künstlicher Intelligenz (KI) in die Ausbildung hat die Dynamik von Lehre und Lernen stark verändert. Eine der tiefgreifendsten Veränderungen ist die Art und Weise, wie KI die Beziehung zwischen Lehrenden und Studierenden neu gestaltet. KI kann zwar Unterrichtsberichte durch personalisiertes Lernen und administrative Unterstützung verbessern, wirft aber auch Fragen zur Art menschlicher Beziehungen, zur Rolle von Lehrenden und zu den Auswirkungen auf die emotionalen und sozialen Aspekte des Lernens auf.

Da KI-Tools im Bildungsbereich immer umfangreicher werden, verlagert sich die Rolle der Lehrkräfte. In vielen Ansätzen übernimmt KI Aufgaben, die früher ausschließlich von Lehrkräften wahrgenommen wurden, darunter die Benotung von Aufgaben, die Verfolgung der Schülerentwicklung und die Bereitstellung sofortiger Kommentare. Diese Technologien ermöglichen es Lehrkräften, mehr Zeit für die Förderung wichtiger Fragen, Kreativität und zwischenmenschlicher Fähigkeiten aufzuwenden – Bereiche, die KI noch nicht immer wirksam angehen kann.

KI kann Lehrkräfte unterstützen, indem sie Verwaltungsaufgaben automatisiert, Einblicke in die Leistung der Schüler gewährt und personalisierte Lernpfade für Schüler bereitstellt. KI-gestützte Lernmanagementsysteme können beispielsweise den Lernfortschritt der Schüler in Echtzeit überwachen, Schwachstellen identifizieren und gezielte Interventionen empfehlen. Diese Informationen ermöglichen es Lehrkräften, sich auf die individuellen Bedürfnisse der Schüler zu konzentrieren und so das Lernerlebnis insgesamt zu verbessern. Lehrkräfte können mehr Zeit damit verbringen, die Schüler gezielt zu motivieren, ihnen bei der Bewältigung komplexer Themen zu helfen und ihnen ein tieferes Verständnis der Problemstellung zu vermitteln.

Da KI jedoch immer mehr Aufgaben übernimmt, befürchten einige Pädagogen, dass ihre Rolle weniger persönlich und stärker automatisiert wird. Das Gefühl der Verbundenheit, das durch menschliche Interaktion entsteht – sei es durch Ermutigung, emotionale Unterstützung oder die Anpassung von Unterrichtsmethoden an unterschiedliche Lernmuster – könnte ebenfalls abnehmen, da KI-Geräte immer üblicher werden. Lehrkräfte verlassen sich möglicherweise stärker auf die Technologie als auf ihre eigenen Instinkte und ihr Verständnis für ihre Schüler. Die Gefahr einer Entmenschlichung des Lernerlebnisses ist ein erhebliches Problem, insbesondere in Umgebungen, in denen persönliche Beziehungen für den Lernerfolg wichtig sind.

Anstatt Lehrkräfte zu ersetzen, sollte KI als ergänzendes Instrument betrachtet werden, das ihre Fähigkeit zur Interaktion mit Schülern erweitert. KI kann wiederkehrende Aufgaben wie Verwaltungsarbeiten übernehmen, während Lehrkräfte die persönlichen, emotionalen und sozialen Aspekte des Unterrichts berücksichtigen. Beispielsweise können KI-gestützte Nachhilfesysteme Schülern außerhalb des Klassenzimmers zusätzliche Unterstützung bieten, indem sie personalisierte Erklärungen vermitteln und körperliche Aktivitäten fördern. Dies ermöglicht Lehrkräften, sich intensiver mit Schülern persönlich auszutauschen, auf ihre individuellen Anliegen einzugehen und sie in Bereichen zu beraten, die menschliches Einfühlungsvermögen und Verständnis erfordern.

In dieser Situation kann sich die Beziehung zwischen Lehrer und Schüler zu einer Lernbegleitung entwickeln, in der Lehrende zu Lernbegleitern werden, die Schüler durch komplexe Konzepte führen und ein Umfeld der Zusammenarbeit und des kritischen Denkens fördern. KI kann das grundlegende Wissen und die Anleitung liefern, während Lehrende sich auf die Förderung von Interesse, Kreativität und emotionaler Intelligenz konzentrieren – Fähigkeiten, die für die allgemeine Entwicklung von Schülern unerlässlich sind. Durch die Zusammenarbeit mit KI können Lehrende ein maßgeschneidertes und menschenzentriertes Lernerlebnis bieten, das Technologie und menschliche Interaktion in Einklang bringt.

KI kann das Lernerlebnis zwar in vielerlei Hinsicht verbessern, birgt aber auch das Risiko emotionaler Trennung. Das größte Problem bei der Rolle von KI in der Bildung ist die Fähigkeit, den menschlichen Faktor im Unterricht zu reduzieren. Bildung bedeutet nicht nur Wissensvermittlung; es geht auch darum, Verständnis, Empathie und Vertrauen aufzubauen. Lehrkräfte spielen eine wichtige Rolle dabei, Schülern das Gefühl zu vermitteln, wertgeschätzt und verstanden zu werden, was sich erheblich auf ihre Lernergebnisse auswirken kann.

KI mangelt es naturgemäß an emotionaler Intelligenz. KI-Systeme können zwar so programmiert werden, dass sie auf Fragen von Schülern antworten und sich an deren Lernbedürfnisse anpassen, können aber nicht die emotionale Unterstützung bieten, die ein Lehrer bieten kann. Die Fähigkeit, in Konfliktsituationen zu ermutigen, die emotionalen Bedürfnisse von Schülern zu verstehen und ein Gefühl der Zugehörigkeit zu fördern, ist ein wichtiger Bestandteil eines wirkungsvollen Coachings. KI kann die menschlichen Eigenschaften, die diese Interaktionen so bedeutsam machen, nicht nachbilden.

Fühlt sich ein Schüler beispielsweise entmutigt, benötigt er möglicherweise mehr als nur pädagogische Unterstützung; er braucht Empathie, Zuspruch und individuelle Ermutigung. KI ist nicht in der Lage, diese emotionalen Signale zu erfassen und so zu reagieren, dass eine Bindung entsteht. Dadurch besteht die Gefahr, dass sich Schüler isoliert oder entfremdet fühlen, insbesondere in Situationen, in denen emotionale oder mentale Unterstützung am dringendsten benötigt wird.

Um die emotionale Trennung, die KI zusätzlich mit sich bringen kann, zu mildern, ist es entscheidend, dass Pädagogen der menschlichen Interaktion im Unterricht Priorität einräumen. KI kann zwar die verschiedenen technischen Aspekte der Bildung übernehmen, doch die Rolle der Lehrkraft bei der Pflege der Beziehungen zu den Schülern muss weiterhin wertvoll sein. Lehrkräfte müssen weiterhin auf emotionaler und sozialer Ebene mit den Schülern interagieren und ihnen Anleitung und Unterstützung bieten, die KI nicht bieten kann.

Lehrkräfte können KI nutzen, um zu erkennen, wann ein Schüler schulische Probleme hat. Es liegt jedoch weiterhin in der Verantwortung des Lehrers, auf die emotionalen Bedürfnisse des Schülers einzugehen. Durch offene Kommunikation, die Schaffung einer unterstützenden Lernumgebung und die Förderung eines Ökosystems gegenseitiger Wertschätzung können Lehrkräfte sicherstellen, dass sich die Schüler auch in einem technologiegetriebenen Hörsaal verbunden und wertgeschätzt fühlen. KI darf den menschlichen Aspekt des Unterrichts nicht ersetzen, sondern muss die Fähigkeit der Lehrkräfte verbessern, die vielfältigen Bedürfnisse ihrer Schüler zu erfüllen.

Darüber hinaus ist es für Lehrkräfte äußerst wichtig, im erfolgreichen Einsatz von KI-Tools geschult zu werden. Lehrkräfte müssen über das Wissen und die Fähigkeiten verfügen, KI zu nutzen, ohne die persönlichen Verbindungen aus den Augen zu verlieren, die für den akademischen Unterricht unerlässlich sind. Sie müssen lernen, KI als Ergänzung zu ihrem Unterricht einzusetzen und eine ausgewogene Methode anzubieten, die die Leistungsfähigkeit der Technologie mit der Wärme und Empathie verbindet, die nur menschliche Lehrkräfte bieten können.

Die zunehmende Nutzung von KI in der Ausbildung wirft auch ethische Fragen zur Rolle der Technologie in der Lehrer-Schüler-Interaktion auf. Da KI-Systeme Aufzeichnungen über das Verhalten, die Leistung und sogar die Emotionen der Schüler sammeln, stellen sich Fragen darüber, wem diese Informationen gehören und wie sie verwendet werden. Es besteht ein Bedarf an Transparenz und Zustimmung hinsichtlich der Erhebung und Nutzung von Schülerdaten, und Lehrkräfte sollten sich der ethischen Auswirkungen des Einsatzes von KI-Tools zur Erfassung personenbezogener Daten bewusst sein.

Darüber hinaus verstärkt die Fähigkeit der KI, die Dynamik zwischen Lehrern und Schülern zu beeinflussen, auch die Sorge um Fairness und Voreingenommenheit. Werden KI-

Systeme nicht sorgfältig entwickelt, verstärken sie bestehende Vorurteile oder verewigen Ungleichheiten im Bildungswesen. Beispielsweise können KI-Algorithmen unbeabsichtigt bestimmte Schülergruppen bevorzugen oder verzerrte Empfehlungen abgeben, die auf unvollständigen oder verzerrten Daten beruhen. Lehrkräfte sollten darauf achten, dass KI ethisch eingesetzt wird und Bildungsunterschiede nicht verewigt oder verschärft werden.

Die Lehrer-Schüler-Beziehung entwickelt sich im Zeitalter der KI weiter, wobei Technologie eine immer wichtigere Rolle bei der Gestaltung von Bildung und deren Vermittlung spielt. KI bietet wertvolle Instrumente zur Verbesserung des Lernens und zur Unterstützung von Lehrkräften, bringt aber auch neue Herausforderungen mit sich, die mit emotionaler Bindung, ethischen Fragen und dem Gleichgewicht zwischen Technologie und menschlicher Interaktion verbunden sind. Lehrkräfte sollten weiterhin aktiv die persönlichen Beziehungen zu ihren Schülern fördern und sicherstellen, dass die menschliche Komponente der Bildung erhalten bleibt. Durch den Einsatz von KI zur Ergänzung statt Aktualisierung ihrer Ausbildung können Pädagogen eine bereichernde Lernumgebung schaffen, die das Gute aus beiden Welten vereint: die Kraft der Innovation und die Wärme menschlicher Verbundenheit.

4.4. Datenverwaltung und -sicherheit in der KI-Bildung

Im sich rasant entwickelnden Bereich der KI-gestützten Bildung haben sich Datenverwaltung und -sicherheit zu zentralen Themen entwickelt. Da Bildungseinrichtungen und Technologieunternehmen zunehmend KI-Systeme in Lehre, Bewertung und Verwaltung integrieren, werden große Datenmengen generiert, gesammelt und analysiert. Dazu gehören sensible personenbezogene Daten, Lernverhaltensanalysen, biometrische Daten und Leistungsstatistiken. Die Kontrolle dieser Daten wirft tiefgreifende Fragen zu Datenschutz, ethischer Nutzung, Eigentum, Zugriff und den langfristigen Auswirkungen algorithmischer Entscheidungsfindung auf.

Data Governance im KI-Training bezieht sich auf die Richtlinien, Standards, Ansätze und Technologien zur Steuerung der Verfügbarkeit, Nutzbarkeit, Integrität und Sicherheit von Daten. Diese Governance-Strukturen gewährleisten einen verantwortungsvollen Umgang mit Daten und die Einhaltung geltender rechtlicher und ethischer Rahmenbedingungen. Sicherheit konzentriert sich jedoch stärker auf den Schutz dieser Daten vor unbefugtem Zugriff, Beschädigung oder Diebstahl. Zusammen bilden sie das Rückgrat einer fairen virtuellen Lernumgebung.

Der erste Schwerpunkt in diesem Bereich liegt auf dem Besitz von Schülerdaten. Da KI-Plattformen häufig von

Drittanbietern bereitgestellt werden, stellt sich die Frage, wer die über diese Systeme gesammelten Daten kontrolliert. Gehören die Daten dem Schüler, der Organisation oder der Agentur, die das KI-System entwickelt? Klare regulatorische Rahmenbedingungen sind unerlässlich, um Missbrauch und Ausbeutung zu verhindern. Initiativen wie die Datenschutz-Grundverordnung (DSGVO) in Europa und der Family Educational Rights and Privacy Act (FERPA) in den USA bieten zwar einen gewissen rechtlichen Rahmen, doch der globale Charakter der Online- Bildung erfordert einen stärker harmonisierten Ansatz.

Zweitens ist der Datenschutz ein dringendes Problem. KI-Systeme benötigen riesige Datensätze, um ihre Modelle zu analysieren und zu verbessern. Die Einbeziehung individuell identifizierbarer Daten (PII) wie Namen, Noten, Verhaltensprotokolle und manchmal sogar audiovisuelle Daten wirft jedoch große Datenschutzbedenken auf. Um diese Risiken zu minimieren und gleichzeitig den Nutzen der Daten für KI-Algorithmen zu erhalten, werden robuste Anonymisierungsstrategien, Modelle für differenzielle Privatsphäre und föderierte Lernprozesse untersucht.

Drittens hängen Voreingenommenheit und Fairness bei KI-gesteuerten Bildungsentscheidungen von der Qualität und Governance der Daten ab. Schlecht kuratierte oder nicht fachgerechte Daten können zu voreingenommenen

Algorithmen führen, die bestimmte Studierende unfair benachteiligen. Beispielsweise können KI-basierte Benotungen oder personalisierte Lernpfade unbeabsichtigt sozioökonomische, rassische oder geschlechtsspezifische Vorurteile in den historischen Daten widerspiegeln. Eine effektive Datengovernance muss daher kontinuierliche Audits, Protokolle zur Voreingenommenheitserkennung und die Einbeziehung verschiedener Datensätze umfassen, um die Fairness zu fördern.

Auch Sicherheitsbedrohungen sind enorm. Bildungseinrichtungen werden aufgrund ihrer umfangreichen Datenspeicher zunehmend zum Ziel von Cyberangriffen. KI-Systeme verbessern zwar die Betriebseffizienz, können aber auch neue Schwachstellen schaffen. Beispielsweise könnten Angriffe auf Machine-Learning-Modelle darauf abzielen, Ergebnisse wie Noten oder Tipps zu manipulieren. Eine starke Cybersicherheitsinfrastruktur, bestehend aus Verschlüsselung, Multi-Faktor-Authentifizierung und Angriffserkennungssystemen, ist entscheidend, um die Akzeptanz in KI-gerechter Bildung zu gewährleisten.

Darüber hinaus sind Transparenz und Erklärbarkeit für eine ethische Datenverwaltung unerlässlich. Studierende und Lehrende müssen verstehen, wie KI-Strukturen zu ihren Schlussfolgerungen gelangen – sei es bei der Benotung, bei Kommentaren oder bei Lehrplananpassungen. Black-Box-Modelle ohne Interpretierbarkeit können das Vertrauen untergraben und eine sinnvolle Kontrolle behindern. Daher werden die Integration erklärbarer KI-Frameworks (XAI) und die Führung transparenter Nutzungsprotokolle zunehmend als hochwertige Praktiken angesehen.

Ein weiterer Maßstab sind die Datenaufbewahrung und das Lebenszyklusmanagement. Bildungsdaten können auch lange nach Abschluss eines Kurses privat gehalten werden. Governance-Regeln müssen festlegen, wie lange Daten aufbewahrt, wann sie gelöscht und unter welchen Bedingungen sie wiederverwendet werden dürfen. Dies erfordert dynamische Zustimmungsmodelle, die es Studierenden ermöglichen, ihre Datennutzung im Laufe der Zeit zu verwalten, einschließlich der Möglichkeit, den Zugriff zu widerrufen.

Ein wichtiger Faktor für eine solide Datenverwaltung ist die Einführung interdisziplinärer Datenethik-Gremien an Bildungseinrichtungen. Diese Gremien, bestehend aus Lehrkräften, Technikern, Rechtsexperten und Studierenden, überwachen die Umsetzung von Datenrichtlinien, vergleichen Lieferantenpartnerschaften und vermitteln bei Streitigkeiten. Ihre Rolle stellt sicher, dass die Datenverwaltung nicht nur den technischen und rechtlichen Standards, sondern auch den pädagogischen Werten und Aufgaben der Einrichtung entspricht.

Darüber hinaus sind die Stärkung der Schülerkompetenz und die digitale Kompetenz von grundlegender Bedeutung.

Lernende müssen über ihre Datenrechte, die Folgen des Informationsaustauschs und die Funktionsweise der KI-Systeme, mit denen sie interagieren, informiert sein. Diese Aufmerksamkeit fördert die informierte Zustimmung und regt zu einer stärkeren aktiven Teilnahme an Diskussionen über KI-Ethik in der Ausbildung an.

Im globalen Kontext stellt die grenzüberschreitende Datendrift eine neue Komplexitätsebene dar. Viele KI-Lehrgeräte sind global im Einsatz, und Daten können in verschiedenen Rechtsräumen gespeichert sein. Eine grenzübergreifende Harmonisierung der Datenverwaltungspraktiken kann wichtig sein, insbesondere um sicherzustellen, dass Wissenschaftler aus Entwicklungsländern oder unterrepräsentierten Gruppen nicht aufgrund schwächerer lokaler Gesetze ausbeuterischen Praktiken ausgesetzt sind.

Mit Blick auf die Zukunft könnten Blockchain und dezentrale Identifikationssysteme auch neue Strategien für die Informationsverwaltung bieten. Blockchain kann unveränderliche Aufzeichnungen über Informationszugriffe und -änderungen bereitstellen und Studierenden die Kontrolle darüber geben, wer ihre Unterrichtsdaten sieht und nutzt. Solche Entwicklungen, auch wenn sie noch im Entstehen begriffen sind, sollten die Akzeptanz bei der Verwaltung von Unterrichtsdaten neu definieren.

Datenverwaltung und -sicherheit in der KI-Ausbildung sind nicht nur technische Herausforderungen – sie sind moralische Gebote, die das Schicksal des Lernens prägen. Da KI die Bildungsumgebungen immer stärker durchdringt, sollten Institutionen in belastbare Governance-Rahmen, starke Sicherheitsstrukturen und transparente Kommunikationssysteme investieren. Nur so können wir ein Bildungsumfeld schaffen, das Privatsphäre respektiert, Fairness fördert und Neueinsteiger auf eine digital geprägte Welt vorbereitet.

4.5. Berücksichtigung von Chancengleichheit und Zugang bei KI-Implementierungen

Künstliche Intelligenz (KI) hat das Potenzial, die Ausbildung grundlegend zu gestalten, indem sie Lernerfahrungen maßschneidert, die Leistung steigert und Lehrkräfte bei der Vermittlung wirkungsvollerer Schulungen unterstützt. Da KI-Technologien jedoch zunehmend in Bildungsstrukturen integriert werden, sind Bedenken hinsichtlich Fairness und Zugang zu großen und dringenden Problemen geworden. Ohne gezieltes Design und Implementierung kann KI bestehende Ungleichheiten in der Ausbildung verewigen oder sogar verschärfen.

Der Zugang zu KI-gestützten Lehrmitteln hängt stark von der digitalen Infrastruktur ab, die zuverlässiges Internet, moderne Geräte und technischen Support umfasst. Vielen unterversorgten Gruppen, vor allem in ländlichen oder wirtschaftlich benachteiligten Gebieten, fehlen diese grundlegenden Elemente. Schüler in solchen Regionen verfügen häufig nicht über eigene Geräte oder eine stabile Internetverbindung, was ihre Möglichkeiten einschränkt, KI-Systeme zu nutzen, die personalisierten Unterricht oder Echtzeit-Feedback bieten.

Besonders eklatant wird die Ungleichheit bei Fernlernszenarien. Während der COVID-19-Pandemie beispielsweise blieben Millionen von Studierenden aufgrund mangelnden virtuellen Zugangs auf dem Laufenden. KI-gestützte Plattformen, die sich an den Lernfortschritt oder das Lernverhalten der Studierenden anpassen, sind nutzlos, wenn Studierende nicht jederzeit darauf zugreifen können. Darüber hinaus sind viele KI-Geräte für neuere Hardware optimiert, sodass Nutzer älterer Geräte erweiterte Funktionen wie immersive Simulationen oder Echtzeit-Sprachübersetzung nicht nutzen können.

Die Überwindung der virtuellen Kluft beschränkt sich nicht immer nur auf die Verteilung von Geräten – sie erfordert auch Investitionen in die Infrastruktur, darunter WLAN-Netzwerkprojekte, erschwinglichen Breitbandzugang und technische Unterstützung vor Ort. Ohne solche Maßnahmen werden die Vorteile der KI im Bildungsbereich weiterhin unverhältnismäßig stark den digital Privilegierten zugutekommen.

KI-Systeme sind nur so präzise wie die Fakten, auf denen sie basieren. Sind Datensätze verzerrt oder nicht konstruktiv, können KI-Modelle zu verzerrten oder kulturell unsensiblen Ergebnissen führen. Dieses Problem ist besonders in Bildungskontexten problematisch, in denen Fairness und Gerechtigkeit im Vordergrund stehen.

Beispielsweise könnten KI-Algorithmen, die zur automatischen Benotung oder zur Profilerstellung von Studierenden eingesetzt werden, überwiegend auf Daten aus bestimmten sprachlichen oder kulturellen Hintergründen trainiert werden. Dies könnte Studierende aus Minderheitengruppen benachteiligen, deren Dialekte, Kommunikationsmuster oder Lernverhalten möglicherweise nicht mit den vom Regelwerk anerkannten Datenmustern übereinstimmen. Ebenso könnten Empfehlungssysteme, die Studierende zu Publikationen oder Berufswegen führen, bestehende gesellschaftliche Ungleichheiten verstärken, wenn historische Daten systemische Verzerrungen aufweisen – wie beispielsweise die Unterrepräsentation von Frauen in MINT-Fächern.

Um diesem Problem zu begegnen, sollten Entwickler Trainingsdatensätze auf ihre Vielfalt prüfen und Strategien zur Minderung von Vorurteilen implementieren. Dazu gehören antagonistisches Lernen, fairnessbewusste Modellierung und kontinuierliche Validierung in allen demografischen Gruppen. Darüber hinaus stellt die Einbeziehung von Lehrkräften, Gemeindevorstehern und Studierenden aus unterrepräsentierten Branchen in die Entwicklung und Erprobung von KI-Systemen sicher, dass die resultierenden Technologien kulturell ansprechender und integrativer sind.

Eine weitere Ungleichheitsebene ergibt sich aus der Dominanz des Englischen in KI-Schulungssystemen. Obwohl Englisch eine globale Technologiesprache ist, nehmen Millionen von Lernenden über lokale oder einheimische Sprachen am Unterricht teil. KI-Systeme, die diese Sprachen nicht verstehen oder Inhalte in ihnen generieren können, marginalisieren zwangsläufig nicht englischsprachige Anfänger.

Die maschinelle Übersetzung hat zwar erhebliche Fortschritte gemacht, doch Nuancen in Grammatik, Redewendungen und kulturellem Kontext können immer noch zu Fehlinterpretationen oder der Übermittlung irrelevanter Inhalte führen. Darüber hinaus schneiden Modelle zur Stimmerkennung und natürlichen Sprachverarbeitung bei Akzenten oder Dialekten, die in der Bildungsstatistik unterrepräsentiert sind, oft schlecht ab. Dies könnte sich auf sprachbasierte Lernsysteme oder interaktive KI-Assistenten auswirken.

Die Entwicklung von KI-Tools zur Unterstützung der Mehrsprachigkeit erfordert Investitionen in die Entwicklung hochwertiger Korpora in unterrepräsentierten Sprachen und in die Schulung von KI-Modellen anhand verschiedener linguistischer Datensätze. Darüber hinaus müssen lokalisierte Inhalte – nicht nur übersetzte Inhalte – entwickelt werden, um den kulturellen und pädagogischen Bedürfnissen unterschiedlicher Lernender gerecht zu werden. Auf diese Weise kann KI einen gleichberechtigten Zugang zu Wissen über sprachliche Grenzen hinweg fördern.

Die Kommerzialisierung von KI im Bildungswesen trägt maßgeblich zur Gerechtigkeit bei. Viele leistungsstarke KI-Lernsysteme werden von privaten Unternehmen entwickelt und sind mit Abonnementmodellen, Lizenzgebühren oder Gebühren für Premium-Funktionen verbunden. Schulen und Schüler in einkommensschwachen Regionen können sich diese Geräte möglicherweise nicht leisten, was die Bildungsungleichheit zusätzlich verschärft.

Selbst in öffentlichen Bildungssystemen kann die Einführung von KI-Technologie durch Budgetbeschränkungen eingeschränkt sein. Entscheidungen darüber, welche Schulen oder Bezirke KI-Investitionen erhalten, spiegeln oft bestehende Finanzierungsungleichheiten wider. Dies führt zu einem abgestuften Bildungssystem, in dem wohlhabendere Einrichtungen Zugang zu moderner Ausrüstung haben, während andere auf veraltete Methoden angewiesen sind.

Um dem entgegenzuwirken, sollten Regierungen, NGOs und philanthropische Organisationen faire Investitionsmodelle priorisieren, die einen einheitlichen Zugang zu KI-Tools gewährleisten. Open-Source-Projekte und öffentlich-private Partnerschaften können einen wichtigen Beitrag zur Demokratisierung des Zugangs leisten und effektive KI-basierte Bildungsressourcen kostenlos oder kostengünstig in großem Umfang verfügbar machen. Darüber hinaus kann die Förderung von Wettbewerb und Innovation bei Startups, die sich auf kostengünstige KI-Lösungen konzentrieren, dazu beitragen, das Spielfeld zu ebnen.

KI-Systeme in der Ausbildung müssen auch Schülern mit Behinderungen oder Lernunterschieden gerecht werden. Obwohl KI vielversprechend für adaptives Lernen und personalisierte Unterstützung ist, sind viele aktuelle Geräte nicht auf allgemeine Barrierefreiheit ausgelegt. Beispielsweise fehlen KI-Systemen möglicherweise die Unterstützung von Bildschirmlesegeräten, Sprachsteuerung oder anderen Eingabemethoden, was die Nutzung für Schüler mit Seh-, Hör- oder motorischen Einschränkungen erschwert.

KI-gestützte Lernsysteme müssen von Anfang an allgemeinen Designrichtlinien entsprechen und Barrierefreiheitsstandards wie die WCAG (Web Content Accessibility Guidelines) berücksichtigen. Darüber hinaus kann KI die Barrierefreiheit aktiv verbessern – beispielsweise durch die Erstellung von Echtzeit-Untertiteln, die Bereitstellung von

Text-to-Speech-Funktionen oder die Anpassung von Benutzeroberflächen an individuelle Lernbedürfnisse.

Die Zusammenarbeit mit Experten für Barrierefreiheit, Behindertenvertretern und Spezialisten für inklusive Bildung während der gesamten Design- und Testphase ist entscheidend, um sicherzustellen, dass KI-Geräte Studierende mit Behinderungen nicht versehentlich ausschließen. Bei guter Implementierung hat KI das Potenzial, die Möglichkeiten für Einsteiger, die traditionell mit Einschränkungen im Bildungsbereich konfrontiert waren, deutlich zu erweitern.

Um Fairness bei der Implementierung von KI-Bildung zu gewährleisten, sind solide ethische Rahmenbedingungen und politische Maßnahmen erforderlich. Politische Entscheidungsträger müssen den Einsatz von KI proaktiv anpassen, um eine Verschärfung der Ungleichheit zu verhindern. Dazu gehören die Forderung nach Transparenz bei algorithmischen Entscheidungen, die Implementierung von Datenschutzbestimmungen und die Forderung nach Fairness-Kontrollen vor groß angelegten Implementierungen.

Bildungseinrichtungen sollten zudem interne Regeln für die Datennutzung, die Zustimmung der Studierenden und die Verantwortung für Algorithmen festlegen. Wichtig ist, dass Gerechtigkeit ein zentrales Kriterium bei Beschaffungsentscheidungen ist – Geräte ohne Barrierefreiheitsfunktionen, Bias-Audits oder mehrsprachige

Unterstützung sollten nicht in großem Umfang eingesetzt werden.

Darüber hinaus können Ethikforen, bestehend aus Pädagogen, Studierenden, Ethikern und Gemeindevertretern, Aufsicht bieten und Institutionen dabei unterstützen, die komplexen Abwägungen im Zusammenhang mit der KI-Einführung zu meistern. Diese Foren müssen die Befugnis haben, KI-Implementierungen, die eine Gefahr für marginalisierte Gruppen darstellen, zu pausieren oder abzulehnen.

Schließlich ist die Förderung von Chancengleichheit in der KI-Ausbildung nicht nur ein technisches oder politisches Problem, sondern auch ein soziales. Die sinnvolle Einbeziehung der Gruppen, die am stärksten von Bildungsungleichheit betroffen sind, ist entscheidend. Dies gilt für Schüler, Eltern, Lehrkräfte und Netzwerkverantwortliche in den Entwicklungs-, Test- und Feedbackprozessen von KI-Geräten.

Partizipative Designpraktiken stellen sicher, dass KI-Technologie die gelebten Erfahrungen und Prioritäten zahlreicher Neulinge widerspiegelt. Community-Kommentare können blinde Flecken im algorithmischen Design aufdecken, unbeabsichtigte Ergebnisse aufdecken und gerechtere Einsatzstrategien ermöglichen. Darüber hinaus verbessern sich Akzeptanz und Effektivität, je mehr Gruppen die Kontrolle über die von ihnen genutzte Technologie haben.

Bildungseinrichtungen sollten Transparenz über die Funktionsweise von KI-Systemen fördern und den Beteiligten Schulungen anbieten, um deren Vorteile und Grenzen zu verstehen. Die Förderung digitaler Kompetenz und kritischer Auseinandersetzung mit KI bei Lehrkräften und Laien ist für eine gerechte und ethische Nutzung unerlässlich.

KI hat das Potenzial, die Bildung zu revolutionieren. Ihre Vorteile werden jedoch weiterhin ungleich verteilt, wenn Fragen der Chancengleichheit und des Zugangs nicht dringend und sorgfältig angegangen werden. Von infrastrukturellen Ungleichheiten und algorithmischen Verzerrungen bis hin zu Sprachbarrieren und der Erschwinglichkeit müssen zahlreiche Herausforderungen bewältigt werden, um sicherzustellen, dass KI inklusive Bildung ergänzt, anstatt sie zu behindern.

Die Entwicklung von KI-Systemen unter dem Gesichtspunkt von Gerechtigkeit, Repräsentation und Zugänglichkeit ist nicht nur ethisch unerlässlich, sondern auch entscheidend für die Maximierung der Wirkung und Effektivität dieser Systeme. Indem wir Fairness in Politik, Praxis und Gestaltung in den Mittelpunkt stellen, können wir eine Bildungszukunft gestalten, in der KI alle unerfahrenen Menschen fördert, unabhängig von ihrer Vergangenheit, Identität oder Geografie.

4.6. Die gesellschaftlichen Auswirkungen der KI auf zukünftige Generationen

Künstliche Intelligenz (KI) steht im Mittelpunkt der anhaltenden technologischen Revolution und verspricht, nahezu jeden Aspekt des menschlichen Lebens zu verändern. Für zukünftige Generationen ist KI nicht nur ein Gerät; sie ist ein grundlegender Bestandteil ihrer Umwelt, eingebettet in Bildungsstrukturen, Sozialsysteme, Volkswirtschaften und kulturelle Rahmenbedingungen. Daher sind ihre gesellschaftlichen Auswirkungen tiefgreifend und vielschichtig und beeinflussen, wie sich Menschen entwickeln, studieren, kommunizieren, arbeiten und die Welt verstehen. Das Verständnis dieser Auswirkungen ist wichtig, um sicherzustellen, dass KI als Motor für eine gerechte Entwicklung dient, anstatt bestehende Ungleichheiten zu verschärfen oder neue moralische Dilemmata zu schaffen.

Einer der wichtigsten Ansätze, wie KI zukünftige Generationen beeinflussen wird, ist die Transformation des Arbeitsmarktes. Traditionelle Arbeitsstrukturen verändern sich rasant durch Automatisierung und maschinelles Lernen und ermöglichen die Übernahme komplexer Aufgaben, die einst Menschen vorbehalten waren. KI eröffnet zwar neue Felder und Möglichkeiten – darunter KI-Ethikberatung, schnelles Engineering und intelligentes Gerätedesign –, macht aber auch einige Rollen obsolet. Zukünftige Generationen müssen sich an eine Wirtschaft anpassen, in der kognitive Flexibilität,

Kreativität und emotionale Intelligenz ebenso wichtig sind wie technisches Verständnis. Das Konzept des lebenslangen Lernens ist kein Wunschdenken, sondern unerlässlich. Gesellschaften müssen die kontinuierliche Kompetenzentwicklung fördern, um sicherzustellen, dass Menschen in KI-gestützten Arbeitsumgebungen anwendbar und effektiv bleiben.

Die Neugestaltung von Bildungssystemen durch KI spielt zudem eine entscheidende Rolle bei der Gestaltung gesellschaftlicher Normen und Werte. KI-gestützte Systeme bieten heute personalisierte Lernpfade, die sich in Echtzeit an die Bedürfnisse der Schüler anpassen. Diese Strukturen versprechen zwar eine Demokratisierung des Zugangs zu guter Bildung, bergen aber auch die Gefahr, Ungleichheit zu verfestigen, wenn der Zugang ungleich verteilt wird. Kinder in ressourcenarmen Regionen können ebenfalls marginalisiert werden, wenn ihnen Konnektivität, virtuelle Bildung oder der Zugang zu KI-gestützten Bildungsinstrumenten fehlen. Die Zukunft der Bildung hängt daher davon ab, Inklusivität zu gewährleisten und eine Infrastruktur zu schaffen, die allen Schülern den gleichen Zugang zu den Vorteilen von KI bietet.

Über Bildung und Arbeit hinaus wird KI beeinflussen, wie zukünftige Generationen Beziehungen gestalten und sozial interagieren. Die Integration von KI in Kommunikationssysteme, Social-Media-Algorithmen und sogar in Begleittechnologien wie Konversationsagenten und Roboterhaustiere wird die menschliche Interaktion neu definieren. Für Menschen, die in KI-vermittelten Umgebungen aufwachsen, könnten Identitätsbildung und soziale Zugehörigkeit durch andere Paradigmen entstehen als in früheren Generationen. Dieser Wandel bringt sowohl Chancen als auch Herausforderungen mit sich: Zwar kann KI durch digitale Therapietools die geistige Gesundheit fördern und die Konnektivität verbessern, doch kann sie, wenn sie nicht sorgfältig gesteuert wird, auch Echokammern fördern, Blasen ausfiltern und einen Rückgang echter menschlicher Verbindungen verursachen.

Kulturell verändert die Rolle der KI als Mitgestalterin von Kunst, Literatur und Musik die Grenzen des menschlichen Ausdrucks. Zukünftige Generationen werden in einer Welt aufwachsen, in der viele ihrer Lieblingslieder, -geschichten oder -werke nicht mehr von Menschen, sondern mithilfe von Algorithmen geschaffen werden, die auf riesigen Datensätzen menschlicher Kreativität trainiert wurden. Dies wirft Fragen nach Authentizität, Eigentum und dem Wert menschlicher Arbeit auf. Gleichzeitig bietet es eine beschleunigte Ausdrucksfläche – KI kann zum Partner der Kreativität werden und die menschliche Vorstellungskraft eher ergänzen als ersetzen. Bildungseinrichtungen und kulturelle Rahmenbedingungen müssen sich anpassen, um jungen

Menschen dabei zu helfen, KI als Werkzeug für kreatives Schaffen zu verstehen, zu vergleichen und zu nutzen.

Auch die geistige und kognitive Entwicklung künftiger Generationen könnte durch die Allgegenwart von KI geprägt werden. Kinder, die schon früh mit intelligenten Systemen – wie digitalen Assistenten, KI-Spielzeug und personalisierten Lerninhalten – in Berührung kommen, könnten unterschiedliche Herangehensweisen an die Datenverarbeitung, Problemlösung und den Umgang mit der Welt entwickeln. Einige Forscher spekulieren, dass diese Interaktionen die Aufmerksamkeitsspanne, das kritische Denken oder die emotionale Intelligenz beeinflussen könnten. Es gibt auch Bedenken hinsichtlich Überwachung und Autonomie; Kinder, die in einem Umfeld mit Tracking- und verhaltensprägender Technologie aufwachsen, könnten Überwachung als normativ verinnerlichen, was ihre Wahrnehmung von Privatsphäre, Freiheit und Vertrauen beeinflusst.

Aus gesellschaftlicher Sicht stellt der ethische Rahmen, der die Entwicklung und den Einsatz von KI bestimmt, möglicherweise eine der größten Sorgen dar. Zukünftige Generationen werden nicht nur die Fähigkeiten der KI erben, sondern auch die darin verankerten Vorurteile, Einschränkungen und ethischen Entscheidungen. Algorithmen, die auf historischen Daten basieren, spiegeln häufig gesellschaftliche Vorurteile wider und verstärken diese, was zu diskriminierenden Auswirkungen in Bereichen wie Polizei, Personalwesen, Gesundheitswesen und Bildung führt. Unkontrolliert können diese Muster systemische Ungleichheit unter dem Deckmantel objektiver Entscheidungen aufrechterhalten. Daher wird die Förderung von KI-Kompetenzen und ethischem Bewusstsein bei jungen Menschen von größter Bedeutung sein. Sie müssen befähigt werden, die Strukturen, die sie prägen, anzufechten, zu überprüfen und umzugestalten.

Der Einfluss von KI auf Regierungsführung und bürgerschaftliches Engagement ist ein weiterer Bereich mit weitreichenden Folgen. Da KI zunehmend in der Politikmodellierung, der prädiktiven Polizeiarbeit, der Optimierung öffentlicher Dienste und in Wahlstrategien eingesetzt wird, müssen sich zukünftige Bürger kritisch mit algorithmischer Regierungsführung auseinandersetzen. Die Fähigkeit zur Technokratie – in der Entscheidungen mithilfe statistischer Systeme statt demokratischer Beratung getroffen werden – erfordert eine fundierte politische Bildung, um Kinder auf eine sinnvolle Teilhabe an demokratischen Gesellschaften vorzubereiten. Transparenz, Verantwortung und partizipative Gestaltungsmethoden müssen institutionalisiert werden, um Entrechtung im Rahmen der Ausübung von Rechten zu verhindern.

Die ökologischen Auswirkungen der KI-Entwicklung überschneiden sich auch mit den Werten und Prioritäten künftiger Generationen. Angesichts des zunehmenden Fokus auf den Klimawandel sprechen sich junge Generationen bereits für Nachhaltigkeit und einen verantwortungsvollen Umgang mit dem Planeten aus. Das Training großer KI-Modelle verbraucht jedoch enorme Mengen an Strom und Wasser. Zukünftige Technologen müssen sich den ökologischen Kosten von Innovationen stellen und grüne KI – Systeme, die im Hinblick auf ökologische Nachhaltigkeit entwickelt wurden – priorisieren. Die Förderung einer interdisziplinären Ausbildung, die KI mit Ökologie, Ethik und Systemdenken verbindet, kann zukünftige Führungskräfte auf die Bewältigung dieses komplexen Terrains vorbereiten.

Auch Religion, Philosophie und Spiritualität werden Veränderungen erleben, da KI die Grenzen zwischen Mensch und Maschine immer weiter verwischt. Fragen zu Bewusstsein, Wirtschaft und Seele werden aus der spekulativen Fiktion in den öffentlichen Diskurs einfließen. Junge Menschen werden sich mit der Frage auseinandersetzen, was es bedeutet, im Zeitalter künstlicher Intelligenzen Mensch zu sein. Werden KI-Partnern Rechte zugestanden? Kann ein System kreativ, empathisch oder ethisch sein? Diese Fragen stellen tief verwurzelte Überzeugungen auf den Prüfstand und laden dazu ein, den menschlichen Exzeptionalismus neu zu hinterfragen.

Die gesellschaftlichen Auswirkungen von KI auf zukünftige Generationen sind weitreichend und tiefgreifend.

KI birgt zwar ein enormes Potenzial, das menschliche Leben zu verschönern, birgt aber auch Gefahren, die sorgfältig gemeistert werden müssen. Bildungsstrukturen, Haushalte, Regierungen und Entwickler tragen gemeinsam die Verantwortung, eine Zukunft zu gestalten, in der KI stärkt, anstatt zu entfremden. Zukünftige Generationen dürfen den Einfluss von KI nicht länger passiv nutzen, sondern ihre Rolle in der Gesellschaft aktiv mitgestalten. Dies erfordert, sie mit der Ausrüstung, den Informationen und der moralischen Grundlage auszustatten, um sinnvoll mit intelligenten Systemen zu interagieren – und eine Zukunft zu gestalten, in der die Menschheit den höchsten Idealen dient.

4.7. Menschliche Aufsicht und Verantwortlichkeit in KI-Systemen

Da künstliche Intelligenz zunehmend in Bildung, Gesundheitswesen, Verwaltung und den privaten Sektor eindringt, ist die Forderung nach klaren Rahmenbedingungen für menschliche Aufsicht und Verantwortung von größter Bedeutung. KI bietet zwar transformatives Potenzial, birgt aber auch enorme ethische, soziale und operative Risiken, wenn sie unkontrolliert bleibt. Insbesondere im Bildungsbereich, wo Entscheidungen die kognitive Entwicklung, das emotionale Wohlbefinden und die Zukunftsaussichten von Lernenden beeinflussen können, ist menschliches Urteilsvermögen unersetzlich. Aufsicht und Rechenschaftspflicht sind daher keine Nebenaspekte, sondern grundlegend für den verantwortungsvollen Einsatz von KI.

Das Prinzip der menschlichen Kontrolle beschreibt die Notwendigkeit, dass Menschen die Kontrolle über KI-Systeme behalten oder zumindest maßgeblich daran beteiligt sind. Dies kann Überwachung, Genehmigung oder die Möglichkeit umfassen, Entscheidungen von Algorithmen zu überschreiben. Verantwortlichkeit hingegen bedeutet, dass identifizierbare Personen oder Institutionen für KI-gesteuerte Ergebnisse zur Verantwortung gezogen werden. Dies gewährleistet Transparenz bei der Entscheidungsfindung und ermöglicht Korrekturmaßnahmen bei Fehlern oder Schäden.

Einer der Hauptgründe für menschliche Kontrolle ist die nichtdeterministische Natur des Systems, das Muster erkennt. Diese Strukturen werden häufig als „schwarze Kästchen" dargestellt und leiten Schlussfolgerungen basierend auf statistischen Mustern ab, die für Benutzer nicht immer offensichtlich sind. Im akademischen Kontext kann beispielsweise ein Schüler von einem KI-System als leistungsschwach oder unmotiviert gekennzeichnet werden, was Interventionen auslöst oder seinen akademischen Weg ändert. Ohne menschliche Kontrolle können solche Entscheidungen auf unvollständigen, verzerrten oder falsch interpretierten Informationen beruhen – was nicht nur zu falschen, sondern auch zu ungerechten Konsequenzen führt.

Menschliche Aufsicht mindert das Risiko der Entmenschlichung in der Ausbildung. Wenn die Übermittlung von Inhalten, Bewertungen und Anmerkungen ohne ausreichende Einbindung der Lehrkräfte automatisiert erfolgt, gehen die relationalen und emotionalen Dimensionen des Lernens häufig verloren. Lehrkräfte spielen eine entscheidende Rolle bei der Interpretation von Aufzeichnungen, dem Verständnis kontextueller Feinheiten und der Ermutigung – Funktionen, die KI nicht authentisch nachbilden kann. Um die Menschlichkeit der Ausbildung zu bewahren, ist es wichtig sicherzustellen, dass menschliche Lehrkräfte die Autorität haben, KI-generierte Erkenntnisse zu interpretieren und zu hinterfragen.

Ebenso wichtig ist die Schaffung klarer Rechenschaftsmechanismen für den Einsatz und die Auswirkungen von KI-Systemen. In vielen Bereichen, auch im Bildungswesen, hat mangelnde Transparenz bei KI-Entscheidungen zu öffentlichem Misstrauen und rechtlichen Problemen geführt. Bei Fehlern – wie Fehlklassifizierungen, diskriminierenden Mustern oder Datenschutzverletzungen – müssen geeignete Wege zur Wiedergutmachung geschaffen werden. Schulen, Entwickler und Bildungsbehörden müssen zusammenarbeiten, um zu entscheiden, wer bei KI-Versagen zur Verantwortung gezogen wird und wie solche Fehler dokumentiert, geprüft und behoben werden.

Um dies zu unterstützen, entwickelt sich der Begriff „erklärbare KI" (XAI). Er zielt darauf ab, KI-Strukturen transparenter zu machen, indem er verständliche Begründungen für ihre Ergebnisse liefert. Im Unterricht bedeutet dies, dass Lehrkräfte und Schüler hinterfragen können, warum eine bestimmte Empfehlung abgegeben wurde, oder verstehen, welche Daten zu einem Notenvorschlag geführt haben. Diese Transparenz fördert das Vertrauen und ermöglicht es Lehrkräften, Geräteentscheidungen zu überprüfen oder anzufechten. Dies stärkt das Prinzip des gemeinsamen Urteils anstelle der Gerätedominanz.

Auch ethische Kontrollgremien werden in Institutionen, die KI einsetzen, immer häufiger eingesetzt. Dazu gehören beispielsweise interne KI-Ethikkommissionen, unabhängige Prüfgremien oder Aufsichtsbehörden, die Systeme auf Fairness, Genauigkeit und Sicherheit prüfen. Im Bildungsbereich können solche Gremien prüfen, ob KI-Anwendungen mit pädagogischen Zielen, Fairnessstandards und Datenschutzgesetzen übereinstimmen. Sie dienen als Schutz vor technologischem Determinismus und unternehmerischer Übermacht, indem sie ethische Bewertungsmethoden in die Geräteentwicklung und -bereitstellung integrieren.

Darüber hinaus dürfen Verantwortungsstrukturen langfristige Auswirkungen nicht außer Acht lassen. KI-Strukturen entwickeln sich oft durch kontinuierliches Lernen weiter und passen sich im Laufe der Jahre an neue Daten an. Diese Dynamik erfordert eine kontinuierliche Überwachung und Neukalibrierung, um die Abweichung von ursprünglichen Träumen oder moralischen Einschränkungen zu verhindern. Die menschliche Überwachung sollte daher kontinuierlich und nicht episodisch erfolgen und Mechanismen zum Ersetzen, Pausieren oder Außerbetriebsetzen von Systemen im Kontextwechsel beinhalten.

Die Einbeziehung von Studierenden und Lehrenden in Aufsichtsfunktionen ist eine weitere wichtige Maßnahme. Diejenigen, die von KI-Entscheidungen am stärksten betroffen sind, müssen bei der Gestaltung, Umsetzung und Bewertung solcher Strukturen mitbestimmen können. Partizipative Designansätze, die die Beteiligung verschiedener Interessengruppen einladen, führen nicht nur zu gerechteren Strukturen, sondern verteilen auch die Verantwortung demokratischer. Transparenzprojekte – wie KI-Karteikarten oder algorithmische Wirkungserklärungen – können Nutzer zusätzlich stärken, indem sie die Funktionsweise und die Auswirkungen von KI entmystifizieren.

Als Reaktion auf diese Bedürfnisse entwickeln sich die rechtlichen Rahmenbedingungen. Das Gesetz der Europäischen Union über künstliche Intelligenz schreibt beispielsweise eine strenge Überwachung und Dokumentation risikoreicher KI-Systeme vor, einschließlich der im Training eingesetzten Systeme. Andere Gerichtsbarkeiten folgen diesem

Beispiel und erkennen an, dass eine kodifizierte Rechenschaftspflicht zum Schutz des öffentlichen Interesses wichtig ist. Diese Regulierungsmaßnahmen unterstreichen, dass menschliche Aufsicht nicht immer eine interne Großtat ist, sondern eine gesellschaftliche Erwartung mit strafrechtlichen Folgen.

Schließlich muss sich der Umgang mit KI ändern und Demut und Wachsamkeit einbeziehen. Übermäßiges Vertrauen in die Technologie, insbesondere wenn sie als unparteiisch oder unfehlbar dargestellt wird, untergräbt die Verantwortung menschlicher Akteure, engagiert und relevant zu bleiben. Die Schulung von Lehrkräften, Führungskräften und Studierenden, die Grenzen der KI zu verstehen und fundierte Skepsis zu üben, ist ebenso wichtig wie technische Innovationen. Eine Kultur der Verantwortung entwickelt sich mit Anerkennung und wird durch Kommunikation, Schulung und institutionelles Engagement aufrechterhalten.

Die Integration von KI in die Bildung sollte mit der unerschütterlichen Erkenntnis erfolgen, dass der Mensch die endgültige Verantwortung für ihre Wirkung trägt. Aufsicht und Rechenschaftspflicht sind nicht optional – sie können moralische Gebote sein. Indem wir menschliches Urteilsvermögen in den Mittelpunkt stellen, klare Strategien entwickeln und ständig wachsam bleiben, können wir sicherstellen, dass KI als Instrument der Selbstbestimmung und nicht als Kontrollinstrument dient. Auf diese Weise würdigen wir die Werte der Bildung und schützen die Rechte und die Würde künftiger Generationen.

KAPITEL 5

Künstliche Intelligenz und Barrierefreiheit in der Bildung

5.1. Zugang zu Bildung und Möglichkeiten im Bereich KI

Die Integration künstlicher Intelligenz (KI) in die Bildung verspricht tiefgreifende Veränderungen hinsichtlich Zugänglichkeit und Chancengleichheit. Da die digitale Kluft in globalen Bildungssystemen nach wie vor ein großes Problem darstellt, bietet KI eine potenzielle Möglichkeit, Lücken zu schließen und einen gleichberechtigten Zugang zu qualitativ hochwertigen Lerninhalten zu ermöglichen.

Die Hauptaufgabe von KI bei der Verbesserung der Zugänglichkeit liegt in ihrer Fähigkeit, Lehrpläne individuell an die Bedürfnisse der Schüler anzupassen. In Regionen, in denen der Zugang zu qualifizierten Lehrkräften oder ausreichend guten akademischen Ressourcen eingeschränkt ist, kann KI eingreifen, um eine konstante und anpassungsfähige Lernumgebung zu schaffen. KI-gesteuerte Systeme können den Lernfortschritt, den Lernstil und die spezifischen Herausforderungen eines Schülers analysieren und so maßgeschneiderte Lernpläne erstellen, die sicherstellen, dass die Wünsche jedes Lernenden erfüllt werden.

Einer der wichtigsten Faktoren für die Verbesserung der Zugänglichkeit durch KI ist die Möglichkeit, Schulungen in abgelegenen und unterversorgten Gebieten anzubieten. KI-gestützte Strukturen, einschließlich digitaler Klassenzimmer und adaptiver Lernumgebungen, können Schüler erreichen, die sonst keinen Zugang zu herkömmlichen Hörsälen hätten. Durch den Abbau geografischer Barrieren ermöglicht KI Schülern weltweit die Nutzung erstklassiger Lehrinhalte ohne die Einschränkungen physischer Infrastruktur. Dies kommt vor allem Gruppen in ländlichen oder kriegsbetroffenen Gebieten zugute, in denen Bildungschancen oft spärlich oder gar nicht vorhanden sind.

Darüber hinaus kann KI einen wesentlichen Beitrag zur Inklusion im Bildungswesen leisten, indem sie Schülerinnen und Schüler mit unterschiedlichen Lernbedürfnissen unterstützt. Für Menschen mit Behinderungen bietet KI vielfältige Hilfsmittel, um Lernbarrieren zu überwinden. Text-to-Speech- und Speech-to-Text-Technologien, KI-gesteuerte Gebärdensprachdolmetscher und personalisierte Lernassistenten können Schülerinnen und Schüler mit Seh-, Hör- oder Mobilitätseinschränkungen unterstützen. Indem KI das Lernen für alle zugänglicher macht, stellt sie sicher, dass niemand aufgrund physischer oder kognitiver Einschränkungen benachteiligt wird.

Das Potenzial von KI, gleiche Bildungschancen zu bieten, erstreckt sich auch auf Studierende aus sozial schwachen Schichten. Diese Studierenden sind oft mit Herausforderungen konfrontiert, wie z. B. eingeschränktem Zugang zu Lernmaterialien, fehlenden Unterstützungsstrukturen oder überfüllten Klassenräumen. KI-basierte Lösungen, darunter virtuelle Tutoren und automatisierte Bewertungssysteme, können überlastete Lehrkräfte entlasten und sicherstellen, dass Schüler in unterversorgten Gemeinden die benötigte Aufmerksamkeit und Unterstützung erhalten. Darüber hinaus ermöglicht die Skalierbarkeit von Lernlösungen durch KI die gleichzeitige Bereitstellung hochwertiger Lehrinhalte für große Gruppen von Studierenden, ohne die Qualität des Lernerlebnisses zu beeinträchtigen.

Obwohl KI den Zugang zu Bildung in vielerlei Hinsicht verbessern kann, ist es wichtig, die potenziellen Risiken und Herausforderungen ihrer Implementierung zu berücksichtigen. Eine der Hauptsorgen ist die Möglichkeit einer Vertiefung der virtuellen Kluft, insbesondere in Ländern oder Regionen mit unterentwickelter technologischer Infrastruktur. Der Zugang zum Internet, zu Geräten und KI-Ausrüstung ist nicht überall gegeben, und ohne entsprechende Investitionen in die virtuelle Infrastruktur besteht die Gefahr, dass die Vorteile von KI insbesondere von Schülern in wohlhabenderen oder technologisch fortgeschritteneren Regionen überproportional wahrgenommen werden. Daher müssen Regierungen, Bildungseinrichtungen und Technologieunternehmen zusammenarbeiten, um sicherzustellen, dass KI-Technologien allen Schülern unabhängig von ihrem sozioökonomischen Status oder geografischen Standort zur Verfügung stehen.

Eine weitere Herausforderung liegt in den ethischen Implikationen von KI-gestütztem Unterricht. KI kann zwar wertvolle Erkenntnisse und personalisierte Lernerfahrungen liefern, wirft aber auch Fragen zu Datenschutz, Datensicherheit und algorithmischen Verzerrungen auf. Das Sammeln und Auswerten großer Mengen persönlicher Daten von Schülern kann diese potenziell Gefahren wie Identitätsdiebstahl oder Überwachung aussetzen. Um diese Risiken zu minimieren, ist es entscheidend, dass KI-Systeme mit Blick auf starke Datenschutzmaßnahmen und Transparenz entwickelt werden. Darüber hinaus sollten KI-Algorithmen regelmäßig überprüft werden, um sicherzustellen, dass sie frei von Voreingenommenheit sind und allen Schülern gerechte Bildungschancen bieten.

Letztlich geht die Funktion von KI im Bildungswesen weit über die bloße Bereitstellung von Wissen hinaus. Sie bietet ein wirksames Instrument zur Transformation akademischer Strukturen und zur Schaffung neuer Möglichkeiten für Studierende weltweit. Indem wir das gesamte Potenzial von KI nutzen, können wir personalisierte, inklusive und skalierbare Bildung anbieten, die den vielfältigen Bedürfnissen von Neulingen weltweit gerecht wird. Die moralischen, sozialen und technologischen Herausforderungen, die mit der massiven Einführung von KI im Bildungswesen einhergehen, müssen jedoch sorgfältig beachtet werden. Werden diese Herausforderungen sorgfältig und gemeinsam angegangen, kann KI die Bildung revolutionieren und sie für alle zugänglicher machen, unabhängig von ihrer Herkunft oder ihren Umständen.

5.2. Unterstützung von Studierenden mit Behinderungen durch KI

Künstliche Intelligenz (KI) verspricht, die Lernerfahrungen von Schülern mit Behinderungen grundlegend zu verändern. Durch die Bereitstellung personalisierter, adaptiver Lernwerkzeuge kann KI dazu beitragen, ein inklusives Lernumfeld zu schaffen, das den unterschiedlichen Bedürfnissen dieser Schüler gerecht wird. Dank der Fortschritte in der KI-Technologie erhalten Schüler mit körperlichen, sensorischen und kognitiven Beeinträchtigungen maßgeschneiderte Unterstützung und sorgen so für einen zugänglicheren, attraktiveren und effektiveren Unterricht.

Einer der größten Vorteile von KI bei der Unterstützung von Studierenden mit Behinderungen ist die Möglichkeit, das Lernen in Echtzeit anzupassen. Traditionelle Hörsaalumgebungen können aufgrund von Zeit-, Ressourcen- und Lehrer-Schüler-Verhältnisbeschränkungen oft nicht auf die individuellen Wünsche von Studierenden mit Behinderungen eingehen. KI-Systeme hingegen sind darauf ausgelegt, individuelle Lernmuster, Stärken und Herausforderungen zu analysieren und so ein individuelles Lernerlebnis zu ermöglichen, das sich an das Tempo und die Fähigkeiten jedes Schülers anpasst. Beispielsweise kann KI das Leseverständnis eines Schülers analysieren und den Schwierigkeitsgrad des Textes entsprechend anpassen, um sicherzustellen, dass der Schüler sowohl gefordert als auch angemessen gefördert wird.

Für Schüler mit Sehbehinderungen können KI-Technologien wie Text-to-Speech-Systeme digitale Inhalte vorlesen und so ohne körperliche Interaktion zugänglich machen. Diese Systeme können gedruckten Text in eine hörbare Form umwandeln und sehbehinderten Schülern so den Zugriff auf Bücher, Artikel und Lehrmaterialien ermöglichen, die ihnen sonst möglicherweise nicht zur Verfügung stünden. Darüber hinaus können KI-gestützte Bilderkennungstools Bilder und Diagramme beschreiben, was insbesondere für Fächer wie Mathematik oder Naturwissenschaften nützlich ist, in denen visuelle Hilfsmittel eine entscheidende Rolle beim Verständnis von Konzepten spielen.

Neben Text-to-Speech-Technologien sind KI-basierte Speech-to-Text-Systeme wichtige Hilfsmittel für Studierende mit Hörbehinderungen. Diese Systeme wandeln gesprochene Wörter in Echtzeit in Text um und machen Vorlesungen, Diskussionen und Lernaktivitäten für gehörlose oder schwerhörige Studierende zugänglicher. KI kann Studierende auch beim Sprachenlernen unterstützen, indem sie Echtzeit-Untertitel, Gebärdensprachübersetzungen oder visuelle Hinweise bereitstellt, die den Studierenden helfen, komplexe

Konzepte zu verstehen, ohne auf herkömmliche verbale Kommunikation angewiesen zu sein.

Ein weiterer Bereich, in dem KI Studierende mit Behinderungen erheblich beeinflussen kann, ist die Entwicklung adaptiver Lernumgebungen für Schüler mit kognitiven Einschränkungen. KI kann den Lernfortschritt von Schülern analysieren und bei Bedarf gezielte Interventionen anbieten, um Schülern mit Erkrankungen wie Legasthenie, ADHS oder Autismus-Spektrum-Störungen zu helfen. KI-gestützte Lernplattformen können beispielsweise komplexe Aufgaben in kleinere, verständlichere Schritte zerlegen, sodass Schüler anspruchsvolle Situationen schrittweise und in ihrem eigenen Tempo bewältigen können. Darüber hinaus können KI-gesteuerte Lerntools das Engagement der Schüler überwachen und Inhalte oder Lehrmethoden an deren Bewusstsein anpassen. So können sie auch diejenigen unterstützen, die möglicherweise mit Aufmerksamkeits- oder Konzentrationsproblemen zu kämpfen haben.

Darüber hinaus kann KI Studierenden mit Mobilitätseinschränkungen helfen, indem sie flexiblere Lernumgebungen ermöglicht. KI-Systeme können in virtuelle Klassenzimmer integriert werden und bieten Studierenden die Möglichkeit, von zu Hause oder in anderen nicht-traditionellen Umgebungen am Unterricht teilzunehmen, an Diskussionen in der Schule teilzunehmen und auf Lernmaterialien zuzugreifen.

Dies ist besonders wichtig für Studierende, die aufgrund physischer Barrieren nicht am Unterricht teilnehmen können, da KI es ihnen ermöglicht, aus der Ferne mit ihren Mitschülern und Dozenten zu interagieren und dennoch eine qualitativ hochwertige Ausbildung zu erhalten.

KI-Technologien können zudem die soziale und emotionale Unterstützung von Schülern mit Behinderungen verbessern. Durch den Einsatz KI-basierter Geräte können Lehrkräfte die emotionale Verfassung von Schülern besser verstehen und ihre Lernstrategien entsprechend anpassen. KI kann Mimik, Tonfall und sogar physiologische Informationen analysieren, um die Stimmung eines Schülers zu beurteilen und festzustellen, ob er mit emotionalen oder verhaltensbezogenen Problemen zu kämpfen hat. Diese Daten können Lehrkräften helfen, zusätzliche Unterstützung oder Anpassungen anzubieten, um sicherzustellen, dass sich Schüler mit Behinderungen im Unterricht emotional unterstützt fühlen.

Obwohl KI enorme Vorteile bei der Unterstützung von Studierenden mit Behinderungen bietet, gibt es auch Herausforderungen hinsichtlich der Fähigkeiten und ethische Fragen. Ein Problem ist die Gefahr einer übermäßigen Abhängigkeit von KI-Strukturen, die die Rolle menschlicher Lehrkräfte bei der emotionalen und sozialen Unterstützung unbeabsichtigt verändern kann. Es ist wichtig, KI als ergänzendes Instrument und nicht als Alternative zur menschlichen Interaktion zu betrachten. Lehrkräfte und akademische Mitarbeiter sollten weiterhin eine Vorreiterrolle bei der Förderung der emotionalen und sozialen Entwicklung von Studierenden einnehmen, wobei KI als Instrument dient, das die menschliche Verbindung ergänzt, anstatt sie zu beeinträchtigen.

Der Einsatz von KI in der Bildung wirft zudem Fragen zum Datenschutz und zur Datensicherheit auf. Da KI-Systeme häufig große Mengen persönlicher Daten über Schüler erfassen, darunter Lernstile, Verhaltenstendenzen und möglicherweise sogar Gesundheitsdaten, sind robuste Sicherheitsvorkehrungen zum Schutz dieser sensiblen Daten unerlässlich. Bildungseinrichtungen müssen sicherstellen, dass KI-Systeme Datenschutzbestimmungen einhalten und die Privatsphäre der Schüler gewahrt wird. Darüber hinaus müssen KI-Entwickler transparent machen, wie Daten erhoben, verwendet und gespeichert werden, und Eltern und Schüler sollten über die potenziellen Risiken und Vorteile des Einsatzes von KI-Technologien informiert sein.

Auch wenn KI den Zugang zu Bildung für Studierende mit Behinderungen deutlich verbessern kann, ist es wichtig, die Zugänglichkeit der Technologie selbst zu berücksichtigen. KI-Tools müssen inklusiv konzipiert werden, um sicherzustellen, dass sie von Studierenden mit unterschiedlichen Behinderungen genutzt werden können. Dies erfordert die Zusammenarbeit zwischen KI-Entwicklern, Pädagogen und

Behindertenvertretern, um sicherzustellen, dass KI-Systeme nicht nur effektiv, sondern auch für alle Studierenden unabhängig von ihren Behinderungen wirklich zugänglich sind.

Zusammenfassend lässt sich sagen, dass KI die Unterstützung von Studierenden mit Behinderungen revolutionieren und den Unterricht komfortabler, individueller und inklusiver gestalten kann. Durch den Einsatz von KI-Technologie können Lehrkräfte maßgeschneiderte Lernberichte erstellen, Studierende mit verschiedenen Beeinträchtigungen unterstützen und ein inklusiveres Lernumfeld für alle schaffen. Wie bei jedem technologischen Fortschritt ist es jedoch wichtig, dass KI im Bildungsbereich sorgfältig und unter sorgfältiger Berücksichtigung ethischer Aspekte, Datenschutz und Inklusivität eingesetzt wird. Bei verantwortungsvollem Einsatz kann KI die Lernerfahrungen und -chancen von Studierenden mit Behinderungen erheblich verbessern und ihnen helfen, ihr volles Potenzial auszuschöpfen.

5.3. Digitale Bildung und globaler Zugang

Digitale Bildung hat sich zu einer der transformativsten Kräfte im modernen Bildungswesen entwickelt und verändert die Art und Weise, wie Lernen in der gesamten Branche vermittelt und erlebt wird. Mit der rasanten Verbreitung des Internetzugangs und dem technologischen Fortschritt erreichen digitale Plattformen und Online- Lerntools nun ein breiteres globales Publikum und machen Bildung für Menschen unterschiedlicher Herkunft und Herkunft zugänglicher.

Einer der Hauptvorteile des virtuellen Lernens ist die Möglichkeit, geografische und logistische Grenzen zu überwinden. In vielen Teilen der Welt, insbesondere in ländlichen und abgelegenen Regionen, kann der Zugang zu herkömmlichen Bildungseinrichtungen aufgrund fehlender Infrastruktur, Mangels an qualifizierten Lehrkräften oder wirtschaftlicher Einschränkungen eingeschränkt sein. Digitales Lernen kann diese Lücke schließen, indem es Schülern ermöglicht, von überall, wo es eine Internetverbindung gibt, auf Lernmaterialien zuzugreifen, an virtuellen Kursen teilzunehmen und mit Lehrkräften zu interagieren. Diese Demokratisierung des Lernens ermöglicht Schülern unabhängig von ihrem Wohnort eine hervorragende Vorbereitung und bietet Möglichkeiten für lebenslanges Lernen und Kompetenzentwicklung.

Beispielsweise stehen Big Open Online Courses (MOOCs) renommierter Universitäten wie Harvard, MIT und Stanford mittlerweile jedem mit Internetanschluss zur Verfügung. Diese Kurse decken ein breites Themenspektrum ab, von Informatik über Wirtschaft bis hin zu Kunst und Kultur. Studienanfängern bieten sie damit Zugang zu einer internationalen Ausbildung, ohne physisch eine Universität besuchen zu müssen. Ebenso bieten digitale Plattformen wie

Coursera, edX und Khan Academy Anfängern kostenlose oder kostengünstige Anleitungen und erweitern so den Zugang zu Bildungsressourcen, die sonst für viele unerreichbar wären.

Neben MOOCs umfassen virtuelle Lerntools auch E-Books, Videovorträge, interaktive Simulationen und Online-Tests, die alle auf individuelle Lernmuster und -bedürfnisse zugeschnitten werden können. Diese Ressourcen ermöglichen es Studierenden, in ihrem eigenen Tempo zu lernen, Konzepte nach Bedarf zu wiederholen und über Online-Foren oder Peer-Netzwerke auf Lehrmaterial zuzugreifen. Für Anfänger in unterentwickelten oder kriegsbetroffenen Regionen kann digitales Lernen eine Alternative zur traditionellen Ausbildung bieten, da dort Bildungseinrichtungen oft nicht verfügbar oder gefährlich sind.

Darüber hinaus bietet digitales Lernen marginalisierten Gruppen, darunter Frauen, Flüchtlingen und Menschen mit Behinderungen, spezialisierte Lernmöglichkeiten. In vielen Teilen der Welt können kulturelle oder soziale Barrieren den Zugang dieser Unternehmen zu Bildung zusätzlich einschränken. Digitale Plattformen können jedoch einen sicheren und zugänglichen Raum für Lernen und die Entwicklung von Fähigkeiten bieten und ihnen helfen, diese Einschränkungen zu überwinden. Beispielsweise bieten digitale Bildungsprojekte, wie sie auf die Ausbildung von Mädchen in Entwicklungsländern abzielen, eine Alternative zur traditionellen Schulbildung und befähigen Frauen, ihre

Ausbildung fortzusetzen und ihre Zukunftschancen zu verbessern.

Trotz des Potenzials digitaler Bildung, den internationalen Zugang zu fördern, bleiben erhebliche Herausforderungen bestehen, um sicherzustellen, dass diese Möglichkeiten wirklich inklusiv sind. Eines der Haupthindernisse ist die virtuelle Kluft – die Kluft zwischen denen, die Zugang zum Internet und den notwendigen Technologien haben, und denen, die dies nicht tun. In vielen Ländern mit niedrigem Einkommen oder in ländlichen Gebieten ist der Internetzugang eingeschränkt oder gar nicht vorhanden, und selbst dort, wo er verfügbar ist, reicht die Infrastruktur möglicherweise nicht aus, um eine umfassende virtuelle Ausbildung zu ermöglichen. Diese Ungleichheit beim Zugang zu Technologie kann zu einem zweistufigen Bildungssystem führen, in dem Schüler in stärker entwickelten Regionen Zugang zu besseren Lernmitteln und -ressourcen haben, während Schüler in weniger entwickelten Regionen benachteiligt sind.

Darüber hinaus können die Kosten für Geräte, Internetverbindungen und digitale Lernsysteme für viele Familien und Gemeinden unerschwinglich sein. Obwohl einige Regierungen und Behörden versuchen, diese Probleme durch die Bereitstellung subventionierten Internetzugangs oder die Spende von Geräten zu lösen, besteht vielerorts noch immer große Lücke. Dies kann dazu führen, dass Schüler aus einkommensschwachen Familien oder ländlichen Regionen die Möglichkeiten des digitalen Lernens kaum voll ausschöpfen können, was die bestehenden Ungleichheiten beim Bildungszugang verschärft.

Neben den Herausforderungen hinsichtlich Infrastruktur und Kosten wirft digitale Bildung auch Fragen hinsichtlich der Qualität des Lernens auf. Digitale Strukturen bieten zwar Zugang zu einer Fülle von Informationen, die Qualität dieser Daten kann jedoch stark variieren. In manchen Fällen fehlt es digitalen Ressourcen auch an der Intensität oder Genauigkeit der traditionellen Unterrichtsgestaltung, und Schüler haben möglicherweise Schwierigkeiten, mit Inhalten zu interagieren, die nicht immer gut gestaltet oder interaktiv sind. Darüber hinaus kann das Fehlen von Präsenzunterricht die Möglichkeiten der Schüler einschränken, an Diskussionen teilzunehmen, Fragen zu stellen oder direktes Feedback von Lehrkräften zu erhalten – wichtige Bestandteile des Lernsystems.

Um diesen Herausforderungen zu begegnen, ist es entscheidend, virtuellen Unterricht in breitere Bildungssysteme zu integrieren und traditionelle Lernformen zu ergänzen und zu verbessern. Dies stellt sicher, dass digitale Hilfsmittel neben der persönlichen Betreuung eingesetzt werden und Lehrkräfte den Schülern bei der Navigation durch Online-Lernumgebungen Orientierung und Unterstützung bieten. Darüber hinaus muss die Qualität virtueller Lerninhalte oberste Priorität haben.

Plattformen und Institutionen müssen sicherstellen, dass die Ressourcen sorgfältig kuratiert, aktualisiert und so gestaltet sind, dass sie intensives Engagement und kritisches Hinterfragen fördern.

Auch Regierungen, NGOs und internationale Unternehmen spielen eine wichtige Rolle bei der Förderung des weltweiten Zugangs zu virtueller Bildung. Durch Investitionen in virtuelle Infrastruktur, die Bereitstellung von Mitteln für den Internetzugang und die Unterstützung von Projekten, die sich auf die Überbrückung der virtuellen Kluft konzentrieren, können diese Organisationen zu einem gerechteren globalen Bildungssystem beitragen. So legen die Ziele für nachhaltige Entwicklung (SDGs) der Vereinten Nationen einen Schwerpunkt auf die Gewährleistung einer inklusiven und gerechten guten Bildung und die Förderung lebenslanger Lernmöglichkeiten für alle. Dies steht im Einklang mit den Zielen, den Zugang zu virtueller Bildung zu erweitern.

Neben der Verbesserung der Infrastruktur müssen politische Entscheidungsträger bei der Gestaltung virtueller Bildungsprojekte auch die kulturelle, sprachliche und pädagogische Vielfalt der Studienanfänger berücksichtigen. Online-Kurse sollten beispielsweise mehrsprachig verfügbar sein und die Inhalte an die jeweiligen kulturellen Kontexte und Lernmöglichkeiten verschiedener Regionen anpassen. Darüber hinaus sollten virtuelle Plattformen Funktionen zur

Unterstützung von Studierenden mit Behinderungen anbieten, um sicherzustellen, dass alle Studienanfänger gleichberechtigten Zugang zu Bildungsressourcen haben.

Auch die Rolle von Lehrkräften und Pädagogen in der digitalen Bildungslandschaft ist entscheidend. Lehrkräfte müssen über die notwendigen Kompetenzen und Kenntnisse verfügen, um virtuelle Tools effizient in ihren Unterricht zu integrieren. Dies erfordert kontinuierliche fachliche Weiterbildung und Unterstützung, um Lehrkräften zu helfen, die Komplexität des digitalen Lernens zu meistern und sicherzustellen, dass sie ihren Schülern sinnvolle Lernerlebnisse bieten können. Darüber hinaus darf virtueller Unterricht die Lehrer-Schüler-Beziehung, die nach wie vor ein wesentlicher Bestandteil effektiven Lernens ist, nicht ersetzen. Stattdessen sollte Technologie genutzt werden, um diese Beziehung zu verbessern, indem sie Tools bereitstellt, die es Lehrkräften ermöglichen, die Bedürfnisse ihrer Schüler besser zu verstehen und die Betreuung entsprechend anzupassen.

Letztendlich bietet virtuelle Bildung enormes Potenzial, den Zugang zu herausragender Bildung weltweit zu erweitern und so geografische, wirtschaftliche und soziale Grenzen zu überwinden. Durch die Nutzung virtueller Plattformen können Neueinsteiger weltweit auf Bildungsressourcen zugreifen, mit Lehrkräften interagieren und ihre Bildungsziele verfolgen. Damit virtuelle Bildung ihr volles Potenzial entfalten kann, ist es jedoch entscheidend, dass Regierungen, Behörden und

Bildungseinrichtungen zusammenarbeiten, um die Herausforderungen der digitalen Kluft zu bewältigen, die besten Online-Lerninhalte zu gewährleisten und inklusive, gerechte Systeme zu schaffen, die allen Studierenden unabhängig von ihrer Herkunft und ihrem Standort Chancen bieten. Durch diese Bemühungen kann virtuelle Bildung dazu beitragen, die Bildungslandschaft zu verändern und Neueinsteigern weltweit eine offenere und gerechtere Zukunft zu ermöglichen.

5.4. Schaffung inklusiver Lernumgebungen mit KI

Die Schaffung vollständig inklusiver Lernumgebungen ist seit langem ein grundlegendes Ziel der Lehrtheorie und -praxis. Solche Umgebungen berücksichtigen und fördern die Vielfalt der Neuankömmlinge und bieten allen Schülern gleiche Chancen auf Interaktion, Erfolg und Entfaltung, unabhängig von ihrem Hintergrund, ihren Fähigkeiten oder ihrer Identität. Mit dem Aufkommen der Künstlichen Intelligenz (KI) sind neue Tools und Methoden entstanden, die die Fähigkeit von Lehrkräften und Institutionen, Inklusivität im Bildungswesen zu gestalten, umzusetzen und aufrechtzuerhalten, erheblich verbessern. Das Potenzial der KI, das Lernen zu individualisieren, Hindernisse zu erkennen und unterschiedliche Bedürfnisse zu unterstützen, bietet transformative Möglichkeiten, traditionelle Barrieren abzubauen und Umgebungen zu schaffen, in denen jeder Lernende umfassend und sinnvoll partizipieren kann.

Inklusive Bildung erfordert im Kern die Berücksichtigung der vielfältigen Unterschiede der Lernenden – kognitiver Stil, kultureller Hintergrund, sprachliche Fähigkeiten, körperliche und sensorische Behinderungen, sozioökonomische Faktoren und emotionale Bedürfnisse. In der Vergangenheit basierten Lehrsysteme oft auf Einheitskursen, die dieser Vielfalt nicht gerecht wurden, was zur Ausgrenzung oder Marginalisierung vieler Schüler führte. KI-Technologien ermöglichen durch Evaluierung eine granulare Anpassung und Reaktionsfähigkeit, die sich an das individuelle Profil jedes Lernenden anpassen kann. Dadurch wird die Definition und Reichweite von Inklusion verbessert.

Ein wichtiger Beitrag von KI zur Inklusion sind personalisierte Lernpfade. Adaptive Lernplattformen analysieren die Stärken, Schwächen und Vorlieben von Neulingen und passen Schwierigkeitsgrad, Layout und Lerntempo der Inhalte dynamisch an ihre Bedürfnisse an. Für Schüler mit Lernschwierigkeiten wie Legasthenie, Aufmerksamkeitsdefizit-/ Hyperaktivitätsstörung (ADHS) oder Autismus-Spektrum-Störungen können KI-Systeme maßgeschneiderte Unterstützung bieten – wie Text-to-Speech-Transformation, visuelle Hilfsmittel, vereinfachte Anweisungen oder interaktive Simulationen –, die Inhalte zugänglicher und ansprechender machen. Diese individualisierten Methoden reduzieren Frustration und Barrieren und stärken Schüler, die in standardisierten Umgebungen sonst Schwierigkeiten hätten.

Darüber hinaus bietet KI-gestützte Assistenztechnologie Neulingen mit körperlichen, sensorischen oder kognitiven Beeinträchtigungen direkte Unterstützung. So ermöglichen beispielsweise Spracherkennung und natürliche Sprachverarbeitung Sprachanweisungen und Diktate für Schüler mit motorischen Herausforderungen. Echtzeit-Untertitel und Avatare in Gebärdensprache verschönern die Kommunikation für Hörgeschädigte. Eye-Tracking und Mind-Computer -Interface-Technologien eröffnen Schülern mit schweren Mobilitätseinschränkungen die Möglichkeit, mit virtuellen Inhalten zu interagieren. Durch die Integration solcher Hilfsmittel in etablierte Lernsysteme trägt KI dazu bei, die Barrierefreiheit zu normalisieren und Lücken zu schließen, die traditionelle Hotels möglicherweise übersehen oder unzureichend berücksichtigen.

Auch die sprachliche Vielfalt profitiert erheblich von KI-gestützter Inklusivität. Mehrsprachige Anfänger stoßen oft auf Hürden, wenn der Unterricht ausschließlich in einer dominanten Sprache stattfindet. KI-gestützte Übersetzungs-, Transkriptions- und Sprachlerntools können sofortige sprachliche Unterstützung bieten und Schülern ermöglichen, auf Inhalte in ihrer Muttersprache zuzugreifen oder den

Spracherwerb in ihrem individuellen Tempo zu üben. Darüber hinaus kann KI kulturell relevante Inhalte verstehen und Beispiele oder Kontexte an unterschiedliche Hintergründe anpassen, was ein einladenderes und nachvollziehbareres Lernerlebnis fördert.

Über die individualisierte Unterstützung hinaus erleichtert KI die Nutzung populärer Lernkonzepte (UDL) durch verschiedene Darstellungs-, Ausdrucks- und Interaktionsmöglichkeiten. Beispielsweise können Lernmaterialien in verschiedenen Formaten – Text, Audio, Video und interaktiven Simulationen – angeboten werden, um Anfängern die Möglichkeit zu geben, auf ihre Bedürfnisse und Präferenzen zu reagieren. KI-Algorithmen können Interaktionsmuster aufdecken und alternative Methoden zur Inhaltsübermittlung vorschlagen, wenn Lernende Schwierigkeiten haben. So werden Teilnahmehindernisse proaktiv beseitigt.

In Lernräumen liefern KI-gestützte Analysen Lehrkräften umsetzbare Erkenntnisse zur Inklusivität ihrer Unterrichtspraktiken. Durch die Analyse von Teilnahmequoten, Projektabschluss und Bewertungsergebnissen in verschiedenen Schülergruppen kann KI Unterschiede aufzeigen, die auf systematische Ausgrenzung oder Voreingenommenheit hindeuten könnten. Lehrkräfte können dann gezielte Strategien, wie differenzierten Unterricht oder Peer-Assist-Initiativen, eingreifen. Darüber hinaus kann

KI das inklusive Lernraummanagement unterstützen, indem sie soziale Dynamiken verfolgt, Mobbing oder Ausgrenzung erkennt und Lehrkräfte frühzeitig zum Eingreifen anregt.

Die Entwicklung und der Einsatz von KI müssen Inklusionsprinzipien folgen. Inklusive KI-Entwicklung erfordert vielfältige Datensätze, partizipatives Design mit Stakeholdern aus unterrepräsentierten Organisationen und kontinuierliches Bias-Auditing. Andernfalls besteht die Gefahr, dass gesellschaftliche Ungleichheiten durch Bildungstechnologien reproduziert oder verstärkt werden. Beispielsweise können KI-Systeme, die überwiegend auf Daten von Mehrheitsbevölkerungen basieren, Verhaltensweisen oder Wünsche von Minderheiten falsch interpretieren, was zu ungenauen Empfehlungen oder ausgrenzenden Ergebnissen führt. Inklusive KI-Entwicklung ist entscheidend, um sicherzustellen, dass die Vorteile adaptiver Lern- und Zugangstools gerecht verteilt werden.

Ethische Fragen sind von größter Bedeutung für die Förderung inklusiver KI – für ein besseres Lernumfeld. Transparenz über die Entscheidungsfindung von KI-Systemen, Schutz der Privatsphäre von Studierenden und Respekt für die Autonomie der Lernenden müssen in alle Implementierungsphasen integriert werden. Lehrkräfte und Studierende sollten die Möglichkeit haben, KI-Interventionen zu überschreiben oder zu personalisieren, um sicherzustellen, dass die Technologie das menschliche Urteilsvermögen unterstützt, anstatt es zu ersetzen. Der Aufbau von Vertrauen in die Rolle von KI in inklusiver Bildung erfordert einen offenen Austausch und einen kontinuierlichen Dialog zwischen allen Beteiligten.

Darüber hinaus bietet KI die Möglichkeit, das sozial-emotionale Lernen (SEL) zu verbessern und Inklusivität über die reine Lernerfüllung hinaus zu fördern. Intelligente Systeme können Symptome von emotionalem Stress, sozialer Isolation oder Angstzuständen erkennen, insbesondere bei anfälligen Schülern. Indem KI Pädagogen alarmiert oder unterstützende Ressourcen vorschlägt, trägt sie zur Entwicklung fördernder Umgebungen bei, in denen sich jeder Lernende wertgeschätzt und unterstützt fühlt. Inklusive Bildung erstreckt sich somit auf eine ganzheitliche Entwicklung, die sowohl Wohlbefinden als auch geistige Entwicklung umfasst.

Die Kombination von KI mit neuen Technologien wie virtueller und erweiterter Realität verspricht künftig noch intensivere und inklusivere Lernerfahrungen. Stellen Sie sich vor: Schüler mit eingeschränkter Mobilität erkunden virtuelle Exkursionen oder Sprachanfänger führen kulturell vielfältige, simulierte Gespräche, die sich an ihr Sprachniveau anpassen. Diese KI-gestützten Technologien werden physische, soziale und kognitive Barrieren weiter einreißen und den Zugang zu erfahrungsbasiertem Lernen ermöglichen, das vielen bisher unerreichbar war.

KI hat das Potenzial, die Schaffung inklusiver Lernumgebungen zu revolutionieren, indem sie Personalisierung, Zugänglichkeit, kulturelle Berücksichtigung und sozial-emotionale Unterstützung in außergewöhnlichem Ausmaß ermöglicht. Die Nutzung dieser Fähigkeit erfordert jedoch gezieltes Design, moralisches Engagement und die Zusammenarbeit von Pädagogen, Technikern, politischen Entscheidungsträgern und den Lernenden selbst. Wenn Inklusivität im Mittelpunkt einer KI-gestützten Ausbildung steht, verändert sie nicht nur das Leben der Menschen, sondern auch die Gesellschaft und fördert Gerechtigkeit, Würde und Chancen für alle.

5.5. KI-gestützte Tools für unterschiedliche Lernstile

Jeder Lernende geht mit individuellen Fähigkeiten, Stärken und kognitiven Fähigkeiten an die Schule – allgemein als Lernmuster bezeichnet. Diese können visuelle, auditive, kinästhetische, Lese-/Schreibfähigkeiten oder Kombinationen davon umfassen. Das Erkennen und Anpassen dieser Vielfalt ist entscheidend für maximales Engagement, Verständnis und Lernerfolge. Künstliche Intelligenz (KI) bietet effektive Werkzeuge, um unterschiedliche Lernmuster auf individueller Ebene zu erkennen, sich anzupassen und zu unterstützen. So wird Bildung von einem Einheitsmodell zu einem wirklich personalisierten Erlebnis.

Traditionell standen Lehrkräfte aufgrund von Zeit-, Ressourcen- und Klassenbeschränkungen vor der Herausforderung, den Unterricht an verschiedene Lernstile anzupassen. KI-gestützte Systeme können jedoch kontinuierlich Daten zur Interaktion der Lernenden erfassen und analysieren – beispielsweise wie Studierende auf spezielle Inhaltsformate reagieren, wie schnell sie Konzepte aus verschiedenen Modalitäten verarbeiten und wie gut sie bei Multimedia-Aufgaben abschneiden. Durch die Interpretation dieser Daten erstellen KI-Algorithmen dynamische Lernerprofile, die nicht nur bevorzugte Muster, sondern auch Kontextfaktoren wie Stimmung, Motivation und kognitive Belastung widerspiegeln.

Ein wichtiger Anwendungsbereich von KI liegt in der adaptiven Bereitstellung von Inhalten. Dabei werden die Materialien individuell an die Lernmöglichkeiten der jeweiligen Person angepasst. Beispielsweise kann ein Schüler mit einem visuellen Lernstil Infografiken, Videos und Animationen erhalten, während einem auditiven Lerner Podcasts, kommentierte Erklärungen oder sprachbasierte Quizze angeboten werden. Kinästhetische Anfänger profitieren von interaktiven Simulationen und praktischen virtuellen Laboren, die durch KI unterstützt werden und deren Komplexität anhand von Echtzeit-Kommentaren angepasst wird. Durch die

Bereitstellung von Inhalten in den bevorzugten Modi des Lernenden steigert KI das Engagement und ermöglicht ein tieferes Verständnis.

Natural Language Processing (NLP) und Spracherkennungstechnologie erweitern die Reichweite von KI zusätzlich, um auditive und verbale Lernstile zu unterstützen. Intelligente Tutoring-Systeme, die mit Konversationsmarketing-Tools oder Chatbots ausgestattet sind, binden Neulinge in das Gespräch ein, stellen Fragen, geben Gründe an und geben Erklärungen – ähnlich wie menschliche Tutoren. Diese Systeme können eingreifen, wenn ein Schüler Schwierigkeiten hat, ein Konzept zu verstehen, und die Modalität – beispielsweise von Text zu Sprache – wechseln, um den Bedürfnissen des Lernenden besser gerecht zu werden.

KI eignet sich auch hervorragend für multimodale Lernumgebungen, die mehrere sensorische Eingaben kombinieren, um komplexen und sich entwickelnden Lernentscheidungen gerecht zu werden. Durch Sensordaten, Eye-Tracking und Interaktionsprotokolle kann KI-Videodisplays das Engagement der Lernenden messen und die Lernmethoden entsprechend anpassen. Zeigt ein Lernender beispielsweise während eines längeren Videos Ermüdungserscheinungen, kann das Gerät eine interaktive Übung einleiten oder auf Text umschalten, um die Aufmerksamkeit aufrechtzuerhalten. Dieses flexible Modell unterstützt Anfänger, deren Lernmuster je nach Kontext, inhaltlicher Komplexität oder emotionaler Situation variieren.

Darüber hinaus bietet KI-gestützte Lernanalyse Lehrkräften Einblicke in die Vielfalt der Lernmuster in ihren Klassenräumen. Dashboards und Berichte fassen zusammen, welche Lernmodalitäten bei bestimmten Studierenden oder Unternehmen Anklang finden. So können Lehrkräfte gemischte Unterrichtseinheiten gestalten, die unterschiedlichen Bedürfnissen gerecht werden. Dieser datenbasierte Ansatz fördert differenziertes Lernen, ohne Lehrkräfte zu überfordern, und überbrückt so die Kluft zwischen Individualisierung und Skalierbarkeit.

KI unterstützt zudem die metakognitive Entwicklung, indem sie Neulingen hilft, ihre eigenen Lernstile und -strategien zu erkennen. Personalisierte Kommentare und Reflexionsimpulse, die von KI generiert werden, ermutigen Studierende, verschiedene Lernmodalitäten auszuprobieren und herauszufinden, was für sie am besten funktioniert. Mit der Zeit entwickeln Neulinge Selbststeuerungsfähigkeiten und passen ihre Prozesse an, um die Ergebnisse in verschiedenen Themen und Kontexten zu optimieren.

Die Integration von KI in neue Technologien wie Virtual Reality (VR) und Augmented Reality (AR) eröffnet zudem Möglichkeiten, unterschiedlichen Lernstilen gerecht zu werden. Immersive Umgebungen können reale Szenarien für kinästhetische Anfänger simulieren, reichhaltige visuelle

Kontexte bieten und räumliche Audiosignale integrieren. KI-Algorithmen in diesen Umgebungen modifizieren Geschichten basierend auf den Reaktionen der Lernenden und stellen so eine Anpassung an individuelle Vorlieben und Wünsche sicher.

Neben Lerninhalten ermöglichen KI-gestützte Geräte das soziale und emotionale Lernen (SEL), das auf verschiedene Kommunikations- und Interaktionsmuster zugeschnitten ist. Systeme können erkennen, wann Lernende zwischen kollaborativer Gruppenarbeit, persönlicher Reflexion oder interaktivem Storytelling wählen. Sie passen soziale Dynamiken und Aktivitäten an, um Engagement und emotionales Wohlbefinden zu optimieren.

Der erfolgreiche Einsatz von KI-Tools für verschiedene Lernmuster erfordert jedoch eine sorgfältige Berücksichtigung ethischer und Barrierefreiheitsbedenken. Algorithmen sollten auf inklusiven Datensätzen lernen, um Verzerrungen zu vermeiden, die bestimmte Lernendendienste marginalisieren könnten. Transparenz hinsichtlich der Datenerfassung und -nutzung fördert das Vertrauen zwischen Lernenden und Lehrenden. Wichtig ist, dass KI menschliche Lehrende unterstützt, anstatt sie zu ersetzen, und als ergänzende Technologie dient, die die pädagogische Entscheidungsfindung verbessert.

Darüber hinaus müssen KI-Systeme flexibel bleiben und eine starre Kategorisierung von Studienanfängern vermeiden.

Sie müssen berücksichtigen, dass Menschen je nach Inhalt und Kontext unterschiedliche Lernmuster aufweisen oder ihre Lernentscheidungen ändern können. Eine Überbetonung starrer Muster birgt die Gefahr, Studierende in eine Schublade zu stecken und ihnen alternative Methoden zur Förderung der kognitiven Entwicklung vorzuenthalten.

KI-gestützte Geräte bieten außergewöhnliche Möglichkeiten, die Vielfalt des Lernens in akademischen Umgebungen zu steuern und zu genießen. Durch die kontinuierliche Anpassung des Inhaltstransports, die Bereitstellung multimodaler Berichte und die Stärkung des metakognitiven Fokus verwandelt KI das Lernen in eine individuelle, ansprechende und effektive Reise. In Kombination mit durchdachter menschlicher Anleitung und ethischer Umsetzung erfüllen diese Technologien das Versprechen, die Fähigkeiten jedes Lernenden freizusetzen und ein umfassenderes und dynamischeres Bildungspanorama zu fördern.

KAPITEL 6

KI und die Revolution im Bildungswesen

6.1. Zukünftige Trends im Bildungswesen

Bildung ist seit jeher ein sich entwickelndes Thema, dessen Prozesse sich im Laufe der Geschichte ständig verändern. Mit fortschreitender Technologie sind diese Veränderungen schneller und tiefgreifender geworden. Künstliche Intelligenz (KI) ist eine der treibenden Kräfte hinter dieser Entwicklung und hat das Potenzial, Bildungssysteme zu revolutionieren. Zukünftige Trends im Bildungswesen werden nicht nur die Lernerfahrungen der Schüler verändern, sondern auch Lernmethoden effizienter und interaktiver gestalten.

Die Rolle von KI in der Ausbildung geht weit über die Digitalisierung von Lehrmaterialien und die Bereitstellung maßgeschneiderter Inhalte für Studierende hinaus. KI wird die Richtung von Bildungstrends bestimmen, Lehrmethoden neu gestalten und die Leistungsfähigkeit von Bildungseinrichtungen grundlegend verändern.

Einer der wichtigsten Trends in der Bildung ist die Hinwendung zu maßgeschneiderten Lernerfahrungen, die auf die individuellen Bedürfnisse der Studierenden zugeschnitten sind. Jeder Schüler lernt anders – mit unterschiedlichem Tempo, Stil und Bedarf. KI kann diese Unterschiede berücksichtigen, indem sie jedem Schüler die am besten geeigneten Inhalte, Materialien und Lernmethoden bietet.

KI analysiert die bisherigen Leistungen, Lernstile, Stärken und Schwächen der Studierenden, um personalisierte Lernpläne zu erstellen. Zukünftig werden KI-gestützte Systeme den Fortschritt von Musikstudenten kontinuierlich verfolgen und ihnen die optimal geeigneten Lernwege vorschlagen. Diese personalisierte Methode ermöglicht es den Studierenden, in ihrem eigenen Tempo zu lernen, was die allgemeine akademische Leistung deutlich verbessern kann.

Die Zukunft von KI im Bildungswesen hängt möglicherweise auch von der Beherrschung der Analytik ab. Lernanalytik umfasst das Sammeln und Analysieren von Schülerdaten, um wichtige Einblicke in deren Lernprozesse zu gewinnen. KI kann mit riesigen Datenmengen arbeiten und so die Leistung von Schülern mit bisher unerreichter Präzision bewerten. Lehrkräfte und Bildungseinrichtungen können die Lernerfahrungen von Schülern besser erfassen und so gezieltere Interventionen ermöglichen.

KI wird kontinuierlich Statistiken zur Schülerbeteiligung erfassen, Ergebnisse, Interaktionen und andere Leistungskennzahlen analysieren. Anhand dieser Daten können Lehrkräfte Bereiche identifizieren, in denen Schüler Schwierigkeiten haben, und entsprechend unterstützen. Darüber hinaus können KI-Systeme Leistungsengpässe vorhersehen und Lehrkräfte frühzeitig warnen, sodass diese rechtzeitig eingreifen können. Da sich die Lernanalyse stetig weiterentwickelt, werden Lehrmethoden voraussichtlich noch individueller und effektiver.

Ein weiterer wichtiger Trend für die Zukunft des Bildungswesens ist die zunehmende Nutzung hybrider Lernmodelle. Hybrides Lernen kombiniert traditionelle Präsenzschulungen mit Online- Lernen. KI wird eine entscheidende Rolle dabei spielen, diese Systeme erfolgreich zu machen. KI kann Schülern interaktive Lerninhalte in Online-Umgebungen bieten und gleichzeitig die Interaktion zwischen Lehrenden und Schülern verbessern.

KI-gestützte hybride Lernsysteme ermöglichen es Schülern, gleichzeitig in Präsenzunterricht und auf Online-Plattformen zu interagieren. Das sorgt für mehr Flexibilität und individuelle Lernergebnisse. Schüler können in ihrem eigenen Tempo lernen, während Lehrkräfte ihren Lernfortschritt gezielter steuern können. Dieses Modell stärkt sowohl Schüler als auch Lehrkräfte und macht den Unterricht dynamischer und anpassungsfähiger.

Die Rolle der Lehrkräfte könnte sich in Zukunft verändern. KI kann zwar den Unterricht erleichtern und rationalisieren, wird Lehrkräfte aber nicht vollständig ersetzen. KI wird Lehrkräfte bei der Anleitung, Betreuung und Vermittlung emotionaler Intelligenz unterstützen – beides wichtige Bestandteile des Unterrichts. KI könnte das Hörsaalmanagement effizienter gestalten, doch die menschliche

Verbindung zwischen Lehrenden und Studierenden wird weiterhin entscheidend bleiben.

KI-gestützte Bildungssysteme bieten Lehrkräften mehr Freiheit und Flexibilität und ermöglichen ihnen, innovativere und schülerorientiertere Lehrmethoden anzuwenden. Lehrkräfte können fundiertere Entscheidungen basierend auf den von KI-Systemen bereitgestellten Informationen treffen und sich dabei auf die Stärken und Bereiche der Schüler konzentrieren, die besondere Aufmerksamkeit erfordern.

Einer der wichtigsten Trends für die Zukunft ist die Verbesserung der Barrierefreiheit im Bildungswesen. KI kann Bildungsungleichheiten verringern. KI-gestützte Lösungen können den Zugang zu Bildung für Studierende in Entwicklungsländern und für Menschen mit Behinderungen deutlich verbessern. KI-basierte Tools können auf die individuellen Bedürfnisse von Studierenden eingehen und sie in inklusivere Lernumgebungen integrieren.

KI kann maßgeschneiderte Lernmaterialien für Schüler mit Behinderungen erstellen, darunter auch für Menschen mit Seh- oder Hörbehinderungen oder Lernschwierigkeiten. Dies schafft ein inklusiveres Bildungssystem, das es allen Schülern ermöglicht, in ihrem eigenen Tempo und auf eine Weise zu lernen, die ihren Wünschen entspricht. KI kann Lücken in den Bildungschancen schließen und Schülern aller Herkunft ein gerechteres Lernerlebnis bieten.

Der technologische Fortschritt macht Bildung weltweit zugänglicher. KI wird eine entscheidende Rolle bei der Verbesserung des weltweiten Zugangs zu Bildung spielen. Mit Online- Lernsystemen und KI-gestützter Software können Schüler weltweit auf Bildungsressourcen zugreifen. KI kann Sprachbarrieren abbauen, Lernmaterialien in der Muttersprache der Schüler bereitstellen und Inhalte anpassen, um das Lernerlebnis zu verbessern.

Diese Entwicklungen eröffnen insbesondere Schülern in abgelegenen Regionen und Entwicklungsländern neue Bildungschancen und verringern so globale Bildungsunterschiede. KI wird nicht nur Lernmaterialien bereitstellen, sondern auch Instrumente bereitstellen, die den Unterricht interaktiver und greifbarer gestalten und Schülern unabhängig von ihrem Standort eine bessere Ausbildungsqualität ermöglichen.

Einer der wichtigsten Trends dürfte die Entstehung völlig neuer Lernmodelle sein. KI ermöglicht die Entwicklung innovativer Lernmethoden, die den Lernprozess effizienter, interaktiver und personalisierter gestalten. Diese neuen Modelle gehen über die reinen Bildungsinhalte hinaus und verändern die Rollen von Studierenden, Lehrkräften und Bildungseinrichtungen.

KI kann Studierenden kontinuierlich Feedback geben, ihre Lerngeschwindigkeit messen und individuelle Beratung bieten. Bildungssysteme, die diese neuen Modelle integrieren, können leistungsfähiger sein und Schülern ermöglichen, besser und schneller zu lernen. Lehrkräfte können zudem von genaueren Einblicken in die Wünsche und Fähigkeiten ihrer Schüler profitieren, um die Lernergebnisse zu verbessern.

6.2. Das neue Bildungsmodell: KI und Bildungseinrichtungen

Der Aufstieg der künstlichen Intelligenz (KI) verändert nicht nur die Art und Weise, wie Studierende forschen, sondern verändert auch die grundlegenden Strukturen von Bildungseinrichtungen. Zukünftig könnten Bildungseinrichtungen eng mit der KI-Technologie verflochten sein, was zu einem völligen Umdenken herkömmlicher Bildungsmodelle führen wird. KI wird neue Methoden, Ausrüstung und Taktiken einführen und die Art und Weise, wie Schulungen hinzugefügt, abgerufen und erlebt werden, neu definieren.

Eine der wichtigsten Veränderungen, die KI für Bildungseinrichtungen mit sich bringen wird, ist die Einführung KI-gestützter Managementsysteme. Diese Strukturen werden Verwaltungsaufgaben rationalisieren, die Betriebseffizienz verbessern und die Mittelzuweisung optimieren. KI kann zahlreiche Verwaltungsfunktionen wie Benotung, Terminplanung, Anwesenheit und Bewertungsverfolgung automatisieren, sodass sich Lehrkräfte und Administratoren auf wichtigere Aufgaben wie das Engagement der Studierenden und die Lehrplanentwicklung konzentrieren können.

Diese KI-Steuerungssysteme bieten möglicherweise auch wertvolle statistische Analysen und unterstützen Schulen und Universitäten bei datenbasierten Entscheidungen. Beispielsweise kann KI Statistiken zur Leistung und zum Engagement von Studierenden analysieren, um Tendenzen zu erkennen, zukünftige Ergebnisse vorherzusagen und Interventionen zur Verbesserung der allgemeinen Leistung zu empfehlen. Diese Vorhersagefähigkeit ermöglicht es akademischen Institutionen, Probleme proaktiv zu bewältigen, bevor sie sich verschärfen, und stellt sicher, dass die Studierenden die Unterstützung erhalten, die sie für ihren Erfolg benötigen.

KI kann Bildungseinrichtungen dabei unterstützen, individuelle Lernpfade zu entwickeln, bei denen die individuellen Bedürfnisse, Interessen und Lernstile jedes Schülers berücksichtigt werden. Mit KI können Institutionen maßgeschneiderte Lernprogramme für Schüler erstellen und sicherstellen, dass sie in ihrem eigenen Tempo und auf eine Weise lernen, die zu ihnen passt. KI ermöglicht es Pädagogen, gezielter zu unterrichten und sicherzustellen, dass kein Schüler im Stich gelassen wird.

KI kann Schülerstatistiken, einschließlich früherer schulischer Leistungen, Lernmöglichkeiten und Krisengebiete, analysieren, um personalisierte Lernpläne zu erstellen. Diese Pläne können in Echtzeit an den Lernfortschritt der Schüler angepasst werden, indem zusätzliche Ressourcen bereitgestellt oder der Schwierigkeitsgrad der Materialien nach Bedarf angepasst wird. Diese maßgeschneiderte Methode fördert nicht nur das Engagement der Schüler, sondern stellt auch sicher, dass sie ihr volles Potenzial entfalten, indem sie ihnen die richtige Unterstützung zur richtigen Zeit bieten.

Neben der Transformation administrativer Funktionen wird KI auch die Lehrmethoden revolutionieren. KI unterstützt Lehrende durch die Bereitstellung einer breiten Palette an Schulungstools, die das Engagement der Studierenden fördern und die Lernergebnisse verbessern. KI-gesteuerte Tools wie intelligente Tutorenstrukturen, virtuelle Hörsäle und interaktive Lernsysteme tragen zu einer attraktiveren, dynamischeren und reaktionsschnelleren Lernumgebung bei.

Beispielsweise können KI-gestützte Nachhilfesysteme Schülern direktes Feedback und Begründungen liefern, sodass sie in ihrem eigenen Tempo arbeiten und auch außerhalb der regulären Unterrichtszeiten individuelle Aufmerksamkeit erhalten können. Diese Systeme können menschenähnliche Interaktionen simulieren und Schülern bei Bedarf Erklärungen, Beispiele und Anleitungen liefern. Durch die Integration von

KI in den Unterricht können Lehrkräfte statistikbasierte Erkenntnisse nutzen, um ihren Unterricht individuell anzupassen und an die individuellen Lernbedürfnisse der Schüler anzupassen.

Auch das traditionelle Klassenzimmer wird sich im Zeitalter der KI anpassen. Bildungseinrichtungen werden zunehmend intelligente Lernsysteme und virtuelle Klassenzimmer einsetzen, die flexiblere und interaktivere Lernprogramme ermöglichen. Diese Plattformen können KI-Technologien wie natürliche Sprachverarbeitung, maschinelles Lernen und adaptive Lernalgorithmen integrieren, um individuelle Lernprogramme für jeden Schüler zu erstellen.

Digitale Klassenzimmer ermöglichen es Schülern, mit Inhalten über verschiedene Multimediaformate wie Videos, Simulationen und virtuelle Realität (VR) zu interagieren. Diese durch KI unterstützten Technologien ermöglichen immersive Lernerlebnisse, die über die Grenzen traditioneller Lehrbücher und statischer Schulungen hinausgehen. Schüler haben Zugriff auf ein deutlich breiteres Spektrum an Ressourcen und Lernmaterialien und können intensiver praxisnah und erfahrungsorientiert lernen.

KI wird auch die Echtzeit-Zusammenarbeit in virtuellen Hörsälen erleichtern und es Studierenden ermöglichen, über geografische Grenzen hinweg zusammenzuarbeiten. KI-Tools können die Interaktion der Studierenden optimieren, die

Dynamik der Hochschule analysieren und kollaborative Aktivitäten basierend auf den Stärken und Schwächen der Studierenden empfehlen. Dies fördert eine interaktivere und attraktivere Lernumgebung.

Bildungseinrichtungen weltweit profitieren vom Potenzial der KI, geografische und kulturelle Grenzen zu überbrücken. KI erleichtert die globale Zusammenarbeit, indem sie Studierenden Zugang zu einem vielfältigen Angebot an Lernmaterialien und Ressourcen aus verschiedenen Bereichen der Branche ermöglicht. Institutionen können KI-gestützte Tools nutzen, um Sprachbarrieren zu überwinden, Materialien zu übersetzen und sicherzustellen, dass Studierende Zugang zu Lehrinhalten in ihrer Landessprache haben.

Die Fähigkeit der KI, maßgeschneiderte Lernerfahrungen zu ermöglichen, könnte insbesondere für Studierende in unterversorgten Regionen oder für Menschen mit eingeschränktem Zugang zu konventionellen Bildungsressourcen von Nutzen sein. Durch die bessere Zugänglichkeit akademischer Inhalte trägt KI dazu bei, Bildungsungleichheiten abzubauen und allen Studierenden die gleichen Lern- und Entwicklungsmöglichkeiten zu bieten.

Darüber hinaus kann KI internationale Partnerschaften zwischen Bildungseinrichtungen ermöglichen und den Austausch von Informationen, Studien und Ressourcen fördern. Dieses globale Netzwerk KI-optimierter Bildungsstrukturen fördert das interkulturelle Verständnis und die Zusammenarbeit und bereitet Studierende auf die vernetzte Welt vor, in der sie arbeiten werden.

Da KI zu einem wesentlichen Bestandteil akademischer Einrichtungen wird, müssen wichtige ethische Fragen geklärt werden. Eines der wichtigsten Themen ist der Datenschutz und die Sicherheit von Schülerdaten. KI-Systeme sind stark auf Daten angewiesen, um Lernberichte anzupassen und die Schülerleistung zu optimieren. Bildungseinrichtungen müssen sicherstellen, dass Schülerdaten sicher gespeichert und die Privatsphäre gewahrt wird.

Ein weiteres zentrales Problem ist das Potenzial von KI, bestehende Ungleichheiten im Bildungswesen zu verschärfen. KI kann Bildung zwar inklusiver gestalten, kann aber auch die digitale Kluft vertiefen, wenn sie nicht gerecht umgesetzt wird. Bildungseinrichtungen müssen sicherstellen, dass alle Schüler Zugang zu den notwendigen Technologien und Ressourcen haben, um vom KI-gestützten Lernen zu profitieren.

Da KI im Bildungswesen zunehmend Entscheidungsträger ist, kann es zudem dazu kommen, dass menschliche Lehrkräfte ersetzt werden oder die persönliche Note im Bildungswesen abnimmt. Bildungseinrichtungen müssen ein Gleichgewicht zwischen dem Einsatz von KI zur Verbesserung der Lernergebnisse und der Wahrung des für die Bildung entscheidenden menschlichen Elements finden. Lehrkräfte werden weiterhin eine entscheidende Rolle bei der

Förderung von Kreativität, kritischem Denken und emotionaler Intelligenz bei Schülern spielen – Bereiche, in denen KI den menschlichen Input nicht vollständig ersetzen kann.

Vorausschauend könnten Bildungseinrichtungen durch KI transformiert werden, was zu einer dynamischeren, individuelleren und greifbareren Lernumgebung führt. Mit der fortschreitenden Entwicklung der KI müssen sich die Bildungsstrukturen weiterentwickeln, um sicherzustellen, dass Schülerinnen und Schüler eine möglichst hochwertige Ausbildung erhalten und gleichzeitig ethische Bedenken berücksichtigt und einen gleichberechtigten Zugang zu Technologie gewährleistet werden.

KI ermöglicht es Bildungseinrichtungen, ihren Studierenden personalisiertere, flexiblere und umweltfreundlichere Lernangebote zu bieten, was langfristig zu besseren Lernergebnissen führt. Die Zukunft der Bildung wird darin liegen, dass Technologie und menschliches Verständnis zusammenarbeiten, um eine integrativere, effektivere und fortschrittlichere Lernumgebung für alle Studierenden zu schaffen.

Da KI die Bildung weiterhin verändert, sieht die Zukunft von Bildungseinrichtungen vielversprechend aus und eröffnet sowohl Schülern als auch Lehrkräften neue Möglichkeiten. Die Integration von KI wird ein adaptiveres und umweltfreundlicheres Bildungssystem fördern und den Weg für eine Zukunft ebnen, in der Lernen auf die individuellen

Bedürfnisse und Fähigkeiten jedes Schülers zugeschnitten ist und Bildungseinrichtungen weiterhin an der Spitze der Innovation stehen.

6.3. Lernanalysen und künstliche Intelligenz

Lernanalytik, kombiniert mit künstlicher Intelligenz (KI), stellt einen innovativen Wandel im Bildungsbereich dar und bringt informationsbasierte Erkenntnisse in die Entwicklung von Coaching- und Lernmethoden. Diese Schnittstelle zwischen KI und Lernanalytik ist nicht nur ein Trend, sondern ein wesentlicher Wandel, um die Zukunft von Bildungsstrukturen zu gestalten und sie personalisierter, effizienter und bedarfsgerechter für individuelle Lernbedürfnisse zu gestalten. Durch die Nutzung von KI kann Lernanalytik neue Möglichkeiten eröffnen, das Verhalten von Schülern zu verstehen, die Lernergebnisse zu verbessern und Coaching-Methoden zu optimieren.

Learning Analytics bezeichnet die Erhebung, Analyse und Auswertung von Statistiken über Lernende und deren Kontexte zur Verbesserung von Lernen und Coaching. Diese Daten können aus verschiedenen Quellen stammen, darunter Schülerbewertungen, die Nutzung digitaler Plattformen, die Interaktion mit Lernressourcen und sogar soziale Medien oder Kommunikationstools im Unterricht. Durch die systematische Erfassung und Auswertung dieser Daten können Lehrkräfte tiefere Einblicke in die Entwicklung der Schüler gewinnen, Lernmuster erkennen und fundierte Entscheidungen zur Verbesserung des Lernerlebnisses treffen.

Traditionell konzentrierte sich Lernanalyse auf die retrospektive Bewertung, bei der Informationen aus vergangenen Aktivitäten zur Beurteilung der Gesamtleistung der Schüler herangezogen wurden. Durch die Integration von KI-Technologien kann Lernanalyse nun jedoch in Echtzeit erfolgen und aktuelle Erkenntnisse liefern, die Pädagogen und Institutionen dabei helfen, sich schnell an steigende Herausforderungen anzupassen.

Die Rolle der KI bei der Entwicklung von Analytics besteht darin, riesige Datenmengen mit einer Geschwindigkeit und in einem Umfang zu verarbeiten und zu analysieren, die für Menschen unerreichbar wären. KI-Algorithmen, insbesondere solche aus den Bereichen System Learning und Deep Learning, können komplexe Muster in Statistiken erkennen, die menschliche Pädagogen möglicherweise übersehen. Durch die Nutzung dieser Muster kann KI Vorhersagen über die Gesamtleistung, das Engagement und die Fähigkeitsrisiken von Schülern treffen und dabei frühzeitige Interventionen und personalisierte Unterstützung berücksichtigen.

KI-gestützte Lernanalysetools können den Lernfortschritt von Schülern kontinuierlich darstellen und Hinweise zu Bereichen geben, in denen sie Schwierigkeiten haben oder herausragende Leistungen erbringen. Diese Tools können

Lerneffekte und die Erfolgschancen eines Kurses vorhersehen und Empfehlungen für Interventionen geben, die die Leistung eines Schülers verbessern können. Diese prädiktive Funktion unterstützt nicht nur Studierende, sondern liefert auch Lehrkräften wertvolle Informationen zur Optimierung ihrer Unterrichtsstrategien und -methoden.

KI kann auch dabei helfen, verborgene Faktoren zu entdecken, die die Lernergebnisse beeinflussen, darunter emotionale Zustände, Motivationsgrade und soziale Interaktionen, die mit herkömmlichen Bewertungsstrategien nur schwer messbar sind. Durch das Auswerten von Verhaltensdaten kann KI ein umfassenderes Verständnis der Lerntechnik liefern und es Pädagogen ermöglichen, auf die unterschiedlichen Wünsche ihrer Schüler einzugehen.

Einer der größten Vorteile von KI und Lernanalysen ist die Möglichkeit, Echtzeit-Einblicke in den Lernfortschritt der Schüler zu ermöglichen. Dies ermöglicht ein individuelles Lernerlebnis, bei dem Training und Ressourcen auf die individuellen Bedürfnisse jedes Schülers zugeschnitten werden können. Mithilfe von KI kann die Lernanalyse den Lernfortschritt eines Schülers in verschiedenen Dimensionen verfolgen, darunter Verständnis, Teilnahme und Engagement, und den Lernpfad basierend auf Echtzeitdaten anpassen.

KI kann beispielsweise erkennen, wenn ein Schüler mit einem bestimmten Thema Schwierigkeiten hat, und automatisch zusätzliche Ressourcen, Sportveranstaltungen oder andere Gründe vorschlagen. Ebenso kann das System bei herausragenden Leistungen eines Schülers hochwertiges Material anbieten, um ihn zusätzlich zu fördern. Durch die Bereitstellung von Inhalten, die genau auf den aktuellen Kenntnisstand des Lernenden abgestimmt sind, ermöglicht KI ein adaptives Lernen, das die Fähigkeiten jedes Schülers maximiert.

Darüber hinaus ermöglicht Echtzeitanalysen sofortiges Feedback, sodass Studierende nicht auf die Prüfungsergebnisse warten müssen. Dieser zeitnahe Feedback-Kreislauf hilft Studierenden nicht nur, den richtigen Weg einzuschlagen, sondern fördert auch ein attraktiveres und motivierenderes Lernerlebnis.

Einer der größten Vorteile KI-gestützter Lernanalysen ist die Möglichkeit, die Leistung und Ergebnisse von Schülern vorherzusagen. Durch die Analyse historischer Statistiken und Verhaltensmuster von Schülern kann KI mögliche Leistungsschwierigkeiten eines Schülers vorhersagen und frühzeitige Interventionen empfehlen, um Misserfolge zu vermeiden. Beispielsweise kann KI anhand von Faktoren wie Engagement, Abschlussquoten und Testleistung erkennen, welche Schüler wahrscheinlich einen Kurs abbrechen oder nicht bestehen.

Lehrkräfte und Schulverwaltungen können diese Vorhersagen nutzen, um gezielte Interventionen wie zusätzliche Nachhilfe, Mentoring oder Anpassungen der Lernmethoden zu erzwingen. Frühzeitiges Eingreifen ermöglicht eine rechtzeitige Unterstützung, stellt sicher, dass die Schüler nicht zu weit zurückfallen und erhöht die Erfolgschancen. Dieser proaktive Ansatz der Schülerförderung kann die Abbruchquoten deutlich senken und die allgemeine Lernleistung verbessern.

Darüber hinaus können prädiktive Analysen genutzt werden, um umfassendere Entwicklungen und Trends innerhalb von Lehrsystemen zu identifizieren. Beispielsweise kann KI Leistungsdaten aus verschiedenen Lehrplänen und demografischen Daten analysieren, um institutionenweite Probleme aufzudecken, darunter Lücken in der Studienleistung oder Unterschiede in den Ergebnissen außergewöhnlicher Studentenorganisationen. Diese Erkenntnisse können institutionelle Reformen vorantreiben und sicherstellen, dass alle Studierenden die Chance haben, sich durchzusetzen.

KI-gestützte Lernanalysen kommen nicht nur Studierenden zugute, sondern liefern auch Lehrkräften wertvolle Erkenntnisse. Lehrkräfte können Statistiken nutzen, um ihre Unterrichtsmethoden zu reflektieren, die Problembereiche der Studierenden zu erkennen und ihre Lehrstrategien entsprechend anzupassen. Wenn beispielsweise viele Studierende Schwierigkeiten mit einem bestimmten Thema haben, kann ein Lehrer mithilfe von Analysen die

Ursache ermitteln und den Unterrichtsplan oder die Unterrichtsmethode anpassen.

KI kann Lehrkräften zudem ein tieferes Verständnis einzelner Schülerinnen und Schüler vermitteln und ihre Stärken, Schwächen und Lernmöglichkeiten hervorheben. Diese Informationen ermöglichen es Pädagogen, maßgeschneiderten Unterricht anzubieten und Ressourcen effizienter einzusetzen. So wird sichergestellt, dass jeder Schüler die Unterstützung erhält, die er für seinen Erfolg benötigt.

Darüber hinaus kann das Studium von Analytics Lehrkräften helfen, ihre eigene Leistung und fachliche Entwicklung zu verbessern. Durch das Lesen von Feedback und Bewertungen von Studierenden kann KI Bereiche aufzeigen, in denen ein Lehrender möglicherweise zusätzliche Schulung oder Unterstützung benötigt. Dieser kontinuierliche Kommentarkreislauf fördert eine Subkultur der Entwicklung und unterstützt Lehrkräfte dabei, ihre Rolle effektiver auszuüben.

Über einzelne Studierende und Lehrkräfte hinaus bietet KI-gestützte Lernanalyse Bildungseinrichtungen wertvolle Einblicke in die allgemeine Leistung und institutionelle Effektivität. Bildungsverantwortliche können die Informationen nutzen, um den Erfolg verschiedener Anwendungen, Kurse und Coaching-Strategien zu bewerten und fundierte Entscheidungen über den Einsatz von

Ressourcen und die Verbesserung der institutionellen Richtlinien zu treffen.

So können beispielsweise durch die Beherrschung von Analytics ermittelt werden, welche Lehrkräfte oder Abteilungen unterdurchschnittliche Leistungen erbringen. Dies ermöglicht gezielte Verbesserungen in der Lehrplangestaltung oder im Coaching. Ebenso können Institutionen Analytics nutzen, um die Wirksamkeit neuer Technologien, Interventionen oder akademischer Techniken aufzuzeigen und sicherzustellen, dass ihre Investitionen die gewünschten Ergebnisse erzielen.

KI kann Institutionen auch dabei unterstützen, die Effektivität ihrer Zulassungsverfahren, ihrer Studierendenbetreuung oder ihrer Finanzrichtlinien zu bewerten. Durch die Einsicht in die Daten können Einrichtungen ihre Strategien verfeinern, um den Wünschen ihrer Studierenden besser gerecht zu werden und so langfristig den allgemeinen Unterrichtserfolg zu verbessern.

Obwohl die Möglichkeiten der KI und der Erwerb analytischer Erkenntnisse beträchtlich sind, ist es wichtig, die moralischen Implikationen des Einsatzes solcher Technologien zu berücksichtigen. Die Erhebung und Auswertung von Schülerdaten wirft Fragen hinsichtlich Datenschutz, Datensicherheit und Einwilligung auf. Bildungseinrichtungen sollten sicherstellen, dass Daten sicher erhoben und gespeichert werden und dabei Datenschutzgesetze und ethische

Empfehlungen zum Schutz der privaten Daten der Schüler einhalten.

Darüber hinaus besteht die Möglichkeit, dass datenbasierte Entscheidungen Vorurteile oder Ungerechtigkeiten verewigen. Werden KI-Algorithmen auf Grundlage verzerrter Daten trainiert, können sie bestehende Unterschiede in der Ausbildung verstärken und so zu einer unfairen Behandlung bestimmter Studierendenorganisationen führen. Es ist wichtig, dass die Institutionen Maßnahmen ergreifen, um sicherzustellen, dass Lernanalysesysteme transparent, verantwortungsvoll und frei von Vorurteilen sind.

KI-gestützte Analysen sollten verantwortungsvoll eingesetzt werden. Der Schwerpunkt sollte auf der Verbesserung der Lernergebnisse und der Förderung des Lernerfolgs liegen, anstatt Daten für geschäftliche Zwecke oder Überwachungszwecke zu nutzen. Ethische Überlegungen sollten die Entwicklung und Implementierung KI-gestützter Lernanalysen leiten und sicherstellen, dass die Vorteile dieser Technologien genutzt werden, ohne die Rechte der Schüler zu beeinträchtigen.

Die Kombination aus KI und Lernanalyse verändert die Bildungslandschaft, indem sie personalisierte, faktenbasierte Erkenntnisse liefert, die sowohl die Ausbildung als auch das Lernen verbessern. Durch Echtzeit-Feedback, die Vorhersage von Schülereffekten und gezielte Interventionen ermöglicht KI Pädagogen und Institutionen, adaptivere, umweltfreundlichere und effektivere Lernumgebungen zu schaffen. Wie bei jeder Technologie erfordert die Integration von KI in die Bildung jedoch die sorgfältige Berücksichtigung ethischer Fragen, Datenschutzbedenken und der Möglichkeit von Voreingenommenheit. Bei verantwortungsvoller Umsetzung kann KI-gesteuerte Lernanalyse die Zukunft des Bildungswesens entscheidend mitgestalten und es personalisierter, inklusiver und für alle Neueinsteiger attraktiver machen.

6.4. Neue Technologien prägen den Bildungswandel

Die Bildungslandschaft befindet sich in einem tiefgreifenden Wandel, der durch die rasante Entwicklung neuer Technologien vorangetrieben wird. Diese Innovationen verbessern nicht nur traditionelle Lehr- und Lernmethoden, sondern definieren auch das Wesen der Bildung selbst neu – wie Wissen erworben, weitergegeben und angewendet wird. Künstliche Intelligenz (KI) bleibt ein Eckpfeiler dieser Revolution, doch ergänzende Technologien entwickeln dynamische, immersive und hochgradig personalisierte Lernberichte. Gemeinsam prägen diese neuen Technologien die Zukunft des Lernens, indem sie den Zugang erweitern, das Engagement fördern und Lernende mit den für eine sich rasant verändernde Welt wichtigen Fähigkeiten ausstatten.

Einer der einflussreichsten technologischen Trends, der die Bildung grundlegend verändert, ist Extended Reality (XR), ein Oberbegriff, der Virtual Reality (VR), Augmented Reality (AR) und Mixed Reality (MR) umfasst. XR-Technologien bieten immersive Umgebungen, in denen Anfänger mit simulierten Welten interagieren oder digitale Informationen in die physische Umgebung einblenden können. In VR können Studierende virtuelle Exkursionen zu antiken Stätten unternehmen, die Anatomie des menschlichen Körpers in 3D erforschen oder an realistischen Technologieexperimenten teilnehmen, die sonst aus Kosten- oder Sicherheitsgründen nicht möglich wären. AR hingegen erweitert reale Szenarien um kontextbezogene Informationen – beispielsweise durch interaktive Modelle, die auf Lehrbücher projiziert werden, oder Echtzeit-Übersetzungen während Gesprächen. Mixed Reality verbindet beides und ermöglicht so die nahtlose Interaktion zwischen physischen und digitalen Objekten.

Der pädagogische Nutzen von XR liegt in seinem Potenzial, erfahrungsbasiertes Lernen zu ermöglichen, das verschiedenen Lernmustern gerecht wird, aktives Engagement fördert und räumliche und kinästhetische Fähigkeiten unterstützt. Da Hardware immer günstiger und Software immer moderner wird, könnte XR zu einem gängigen Lehrmittel werden und die Möglichkeiten für praktisches Lernen über herkömmliche Klassenzimmer hinaus erweitern.

Künstliche Intelligenz und maschinelles Lernen passen sich weiterhin schnell an und bilden die Grundlage für adaptive Lernsysteme, die Inhalte, Lerntempo und Bewertung individuell an die Bedürfnisse der Neulinge anpassen. Über die Personalisierung hinaus ermöglicht KI Lernanalysen, die Lehrkräften Einblicke in die Leistung, das Engagement und die Lernlücken der Schüler geben. Diese Analysen leiten datenbasierte Interventionen und Lehrplanänderungen und fördern so einen effektiveren und reaktionsschnelleren Unterricht. Darüber hinaus ermöglichen Fortschritte in der Verarbeitung natürlicher Sprache (NLP) intelligente Nachhilfesysteme und Konversationsmarketing, die in natürlicher Sprache mit Studierenden interagieren, Fragen beantworten, Begründungen liefern und wichtige Fragen stellen.

Eine weitere aufstrebende Ära mit transformativem Potenzial ist Blockchain, die typischerweise für ihre Rolle in stabilen Wirtschaftstransaktionen bekannt ist. In der Ausbildung kann Blockchain die Zeugnisvergabe und Berichtssicherung durch die Erstellung unveränderlicher, überprüfbarer digitaler Diplome und Zeugnisse revolutionieren. Dies ergänzt die Portabilität und Vertrauenswürdigkeit akademischer Statistiken und erleichtert lebenslanges Lernen und berufliche Mobilität. Darüber hinaus unterstützt Blockchain dezentrale Lernstrukturen, in denen

Lernende im Gegensatz zu konventionellen zentralisierten Institutionen mehr Kontrolle über ihre Statistiken und Bildungswege haben.

Das Internet der Dinge (IoT) prägt auch Bildungsumgebungen, indem es physische Objekte – wie intelligente Whiteboards, tragbare Geräte und Umweltsensoren – mit digitalen Netzwerken verbindet. IoT ermöglicht die Echtzeit-Verfolgung der Unterrichtsbedingungen, die Schülerbeteiligung durch biometrisches Feedback und die nahtlose Integration physischer und digitaler Lernmittel. Wearables können beispielsweise das Interesse oder den Stresspegel anpassen und so rechtzeitige Interventionen oder personalisierte Anleitungen ermöglichen. IoT- Infrastrukturen tragen zur Entwicklung intelligenter Hörsäle bei, die adaptiv, umweltfreundlich und lernerorientiert sind.

5G und fortschrittliche Konnektivitätstechnologie bilden die Grundlage für viele dieser Innovationen. Sie ermöglichen schnelle Netzwerke mit geringer Latenz, die für datenintensive Anwendungen wie das Streaming von VR-Inhalten oder die Unterstützung groß angelegter KI-Berechnungen unerlässlich sind. Verbesserte Konnektivität fördert zudem dezentrale und hybride Lernmodelle, überwindet geografische Grenzen und erweitert den Bildungszugang in unterversorgten Gebieten.

Cloud Computing ermöglicht die skalierbare und kostengünstige Speicherung und Verarbeitung von Lehrdaten und -anwendungen. Cloud-Systeme ermöglichen kollaborative

Tools, virtuelle Labore und internationale Klassenzimmer, in denen Studienanfänger und Lehrkräfte unterschiedlicher Herkunft nahtlos interagieren. Der demokratische Zugang zu leistungsstarken Rechenressourcen über die Cloud beschleunigt Innovation und Inklusion.

Darüber hinaus finden Robotik und künstliche Intelligenz zunehmend Einzug in die Bildung. Soziale Roboter können als Tutoren, Klassenassistenten oder Begleiter fungieren, insbesondere in der frühkindlichen Bildung oder in speziellen Bildungskontexten. Diese Roboter können Erstsemester durch interaktive Dialoge, körperliche Aktivitäten und emotionale Unterstützung einbinden und so zu einem personalisierten und sozial bereichernden Lernprozess beitragen.

Schließlich ermöglicht die Integration von Big Data und prädiktiver Analytik Bildungseinrichtungen, Entwicklungen wie Abbruchrisiken, Studienbedarf und Personaleinsatz vorherzusehen. Durch die Auswertung umfangreicher Datensätze können Hochschulen die Ressourcenverteilung, die Lehrplangestaltung und die politischen Entscheidungen optimieren, um ihre Gemeinden besser zu unterstützen.

Trotz der Verheißungen dieser neuen Technologien bleiben Herausforderungen bestehen. Themen wie virtuelle Gerechtigkeit, Datenschutz, ethischer Umgang mit Daten und der Bedarf an Lehrerbildung müssen angegangen werden, um sicherzustellen, dass der technologische Wandel zu sinnvollen pädagogischen Ergebnissen führt. Darüber hinaus sollten technologische Hilfsmittel mit Fokus auf Inklusivität und kultureller Sensibilität entwickelt werden, um die Wiederholung bestehender Vorurteile oder Hindernisse zu vermeiden.

Neue Technologien – von XR und KI bis hin zu Blockchain, IoT und Robotik – verändern gemeinsam die Bildungslandschaft grundlegend. Sie erweitern die Grenzen des Lernortes, -verhaltens und -inhalts und fördern immersive, personalisierte, kollaborative und zugängliche Lernumgebungen. Durch die sorgfältige Integration dieser Innovationen in pädagogische Qualitätspraktiken und ethische Rahmenbedingungen können Pädagogen und politische Entscheidungsträger ihr transformatives Potenzial nutzen, um eine Zukunft der Bildung zu gestalten, die jeden Lernenden befähigt, in einer zunehmend komplexen globalen Welt erfolgreich zu sein.

KAPITEL 7

KI im Bildungswesen und wirtschaftliche Auswirkungen

7.1 Ökonomische Auswirkungen von KI im Bildungswesen

Künstliche Intelligenz spielt eine entscheidende Rolle bei der Effizienzsteigerung im Bildungsbereich. Der Effizienzanstieg zeigt sich darin, dass Lehrende und Studierende Zeit und Ressourcen effizienter nutzen können, was zu niedrigeren Kosten im Bildungswesen führt. KI-Technologien ermöglichen automatisierte Systeme, die die Arbeitsbelastung der Lehrenden reduzieren. So können beispielsweise zeitintensive Aufgaben wie Schülerprüfungen und Berichte durch KI schnell und präzise erledigt werden. Dadurch haben Lehrende mehr Zeit, die Schüler direkt zu erkennen.

Darüber hinaus könnten KI-Systeme, die die Gesamtleistung der Schüler optimieren und analysieren, den Lernprozess auf allen Ebenen effizienter gestalten. Die Identifizierung von Schülerschwächen und die Entwicklung individueller Lernpläne ermöglichen maßgeschneiderte Lerninhalte und steigern so die Lernleistung. Schnelleres Feedback ergänzt die Lernerfahrungen der Schüler und führt zu besseren Lernergebnissen.

KI-gestützte Systeme reduzieren den Personalbedarf drastisch, was die Kosten für Bildungseinrichtungen senken könnte. Beispielsweise kann die Teilnahme von Studierenden an KI-gestützten Online- Publikationen die Notwendigkeit einer Erhöhung der Dozentenzahl verringern. KI mit ihren umfangreichen statistischen Analyse- und Lernmanagementsystemen (LMS) bietet skalierbare Lösungen für Bildungseinrichtungen zu geringeren Kosten.

Darüber hinaus ermöglichen KI-gesteuerte automatisierte Lernsysteme den Studierenden, in ihrem eigenen Tempo voranzukommen. Dies ermöglicht ihnen individuellen Unterricht, ohne dass die Lehrkräfte jedem einzelnen Schüler mehr Zeit widmen müssen. Dadurch können Bildungseinrichtungen die Standardkosten senken und gleichzeitig eine angemessene Ausbildung zu geringeren Kosten anbieten.

Ein weiterer wirtschaftlicher Aspekt sind die Kosteneinsparungen, die sich durch die breite Nutzung von Online-Bildungsplattformen ergeben. Die Umstellung auf digitalen Unterricht, insbesondere nach der Pandemie, hat die Abhängigkeit von Präsenzunterricht verringert und die bildungsbezogenen Kosten gesenkt. KI-gestützte Systeme bieten Studierenden die Möglichkeit, jederzeit und überall zu lernen, geografische Barrieren zu überwinden und die Bildungskosten zu senken.

Der breite Einsatz von KI im Bildungswesen erfordert zudem erhebliche Investitionen in die technologische Infrastruktur. Bildungseinrichtungen benötigen daher enorme finanzielle Unterstützung, um KI effektiv zu implementieren.

Die Entwicklung von KI-Technologie und die Bereitstellung personalisierter Lernanwendungen erfordern Investitionen in Software und Hardware. Bildungseinrichtungen sollten ihre finanziellen Ressourcen stabil halten und sorgfältige Finanzpläne erstellen, um diese Investitionen zu bewältigen.

KI-basierte Bildung bietet eine hervorragende Chance, Bildungsunterschiede zu überwinden, insbesondere in Entwicklungsländern. Um diese Chancen zu nutzen, sind jedoch erhebliche Investitionen in Technologie erforderlich. In Industrieländern können Investitionen in technologiebasierte Infrastruktur Bildungsungleichheiten verringern, Schülern ein breiteres Spektrum an Bildungschancen bieten und sie auf die Zukunft vorbereiten.

Einer der weitreichenderen finanziellen Auswirkungen von KI im Bildungswesen ist die Transformation des Arbeitsmarktes. Technologische Fortschritte werden positive Arbeitsplätze automatisieren und gleichzeitig neue Beschäftigungsmöglichkeiten schaffen. Der Bildungsbereich bildet da keine Ausnahme. Beispielsweise steigt die Nachfrage nach Fachkräften für KI-Programmierung, Datenanalyse und maschinelles Lernen.

Auch die Rolle der Lehrkräfte wird sich weiterentwickeln. Traditionelle, vorlesungsbasierte Lehrmodelle werden interaktiveren und personalisierteren Lehrmethoden weichen. Lehrkräfte werden KI-gestützte Daten analysieren, um

Strategien zu entwickeln, die den Schülern ein effizienteres Lernen ermöglichen. Dieser Wandel wird die Berufsprofile von Lehrkräften verändern und eine Nachfrage nach Lehrkräften mit neuen Fähigkeiten schaffen.

Zusammenfassend lässt sich sagen, dass die wirtschaftlichen Auswirkungen künstlicher Intelligenz auf die Bildung tiefgreifende Veränderungen sowohl im Bildungsbereich als auch im gesamten Finanzsystem mit sich bringen. Die Fähigkeit der KI, effizientere, kostengünstigere und zugänglichere Bildungssysteme zu schaffen, bringt auch neue wirtschaftliche Dynamiken und höhere Anforderungen an die Arbeitskräfte mit sich. Die Anpassung an diese Veränderungen ist für die Zukunft der Bildung und der Gesellschaft von entscheidender Bedeutung.

7.2 KI-gestützte Lehre und Berufswelt

KI-gestützter Unterricht verändert die Bildungslandschaft rasant und seine Auswirkungen reichen weit über den Unterricht hinaus. Er beeinflusst die Fähigkeiten der Schüler und die Aufgaben von Lehrkräften und Verwaltungsangestellten. Mit zunehmender Integration von KI in die Ausbildung prägt sie unmittelbar die Arbeitswelt, indem sie die Art und Weise verändert, wie Menschen lernen und arbeiten.

KI-gestützte Bildungssysteme bieten maßgeschneiderte Lernberichte, die es Schülern ermöglichen, sich auf die spezifischen Fähigkeiten zu konzentrieren, die sie entwickeln möchten. Mit KI-Systemen, die das Verhalten, Lernmuster und die Gesamtleistung der Schüler analysieren, können Lehrkräfte die Bedürfnisse jedes Schülers besser verstehen und ihnen zielgerichtete Ressourcen anbieten. Diese individuelle Betreuung ermöglicht es den Schülern, ihre Fähigkeiten in Spezialbereichen wie Problemlösung, Datenanalyse und kritischem Denken zu erweitern – Fähigkeiten, die für zukünftige Mitarbeiter unerlässlich sind.

KI-gestützte Bildungssysteme wiederum sorgen dafür, dass Studierende besser auf die Herausforderungen des sich rasant entwickelnden Arbeitsmarktes vorbereitet sind. Da Branchen zunehmend von Technologie abhängig werden, wird die Nachfrage nach Mitarbeitern mit fundierten Kenntnissen in den MINT-Fächern (Mathematik, Informatik, Naturwissenschaften und Technik) und der Fähigkeit, mit KI-Technologien zu arbeiten, weiter steigen. Die Fähigkeit von KI, personalisiertes, kompetenzbasiertes Lernen zu ermöglichen, spielt eine Schlüsselrolle bei der Entwicklung dieser Zukunftsexperten.

KI bietet zwar viele Vorteile für die Lernfähigkeit der Schüler, wirft aber auch wichtige Fragen zur Funktion der Lehrkräfte und ihrem Umgang mit Technologie auf. Anstatt Lehrkräfte zu verändern, soll KI sie unterstützen und ihre Unterrichtsmethoden und Aufgaben verändern.

In herkömmlichen Bildungssystemen sind Lehrkräfte regelmäßig für das Halten von Vorlesungen, das Bewerten von Aufgaben und die individuelle Betreuung der Studierenden verantwortlich. KI kann viele dieser Funktionen, darunter Benotung, Stundenplanung und Verwaltungsaufgaben, automatisieren. Dadurch haben Lehrkräfte mehr Zeit, sich stärker auf die menschlichen Aspekte des Unterrichts zu konzentrieren, wie Mentoring und emotionale Unterstützung. Dieser Wandel ermöglicht es Pädagogen, ihr Wissen in neuen Ansätzen einzusetzen, eine intensivere Interaktion mit den Studierenden zu fördern und gleichzeitig die Unterrichtseffektivität zu verbessern.

Die zunehmende Integration von KI erfordert jedoch auch, dass Lehrkräfte neue Fähigkeiten entwickeln und sich an technologische Entwicklungen anpassen. Sie müssen sich im Umgang mit KI-Tools, deren Integration in ihre Lehrpraxis und der Interpretation der von ihnen generierten Daten auskennen. Die Zukunft der Lehre wird wahrscheinlich ein stärker kollaboratives Modell beinhalten, in dem Lehrkräfte mit KI-Systemen zusammenarbeiten, um das Lernerlebnis zu verbessern. Diese Rollenentwicklung bietet Lehrkräften sowohl Herausforderungen als auch die Möglichkeit, ihre berufliche Identität neu zu definieren.

KI-gestütztes Coaching spielt eine zentrale Rolle bei der Aus- und Weiterbildung von Mitarbeitern. Angesichts des rasanten technologischen Wandels in der Industrie müssen

Mitarbeiter ihre Fähigkeiten kontinuierlich aktualisieren, um wettbewerbsfähig zu bleiben. KI-Systeme werden zunehmend eingesetzt, um lebenslanges Lernen zu erleichtern und Menschen Zugang zu personalisierten Schulungsprogrammen zu bieten, die auf ihre persönlichen Wünsche und Karriereträume zugeschnitten sind.

KI-gestützte Plattformen können beispielsweise die neuesten Fähigkeiten eines Mitarbeiters analysieren und maßgeschneiderte Lernpfade vorschlagen, um ihn beim Aufbau neuer Fähigkeiten oder beim beruflichen Aufstieg zu unterstützen. Diese Strukturen können auch Schulungsprogramme an die Entwicklung des Lernenden anpassen und so sicherstellen, dass jeder die passenden Herausforderungen erhält und seine Ziele erreicht. Dieser personalisierte, flexible Schulungsansatz stellt sicher, dass Mitarbeiter für den sich entwickelnden Arbeitsmarkt gerüstet sind – sei es durch die Einführung neuer Technologien, die Verbesserung ihrer Führungsqualitäten oder das Erlernen komplexer Problemlösungsstrategien.

KI unterstützt Unternehmen auch bei der Personalentwicklung, indem sie datenbasierte Einblicke in die Gesamtleistung der Mitarbeiter liefert. Durch die Verfolgung des Wachstums und die Identifizierung von Wissenslücken ermöglicht KI Unternehmen, fundierte Entscheidungen über Bildungsinvestitionen zu treffen und sicherzustellen, dass

Ressourcen effizient eingesetzt werden, um sowohl das persönliche als auch das organisatorische Wachstum zu unterstützen.

Trotz der vielfältigen Vorteile, die KI für die Transformation von Bildung und Personal bietet, bringt sie auch einige Herausforderungen mit sich. Ein zentrales Problem ist die Verlagerung von Arbeitsplätzen, insbesondere repetitiver Aufgaben, die durch KI automatisiert werden können. So könnten beispielsweise administrative Aufgaben im Bildungsbereich, einschließlich der Stundenplanung und Benotung, vollständig automatisiert werden, was den Bedarf an bestimmten Hilfskräften reduziert.

Neben der Prozessverschiebung gibt es Bedenken hinsichtlich Datenschutz und -sicherheit in KI-gestützten Bildungsumgebungen. KI-Systeme erfassen umfangreiche Daten über Lernmuster und Leistungen von Studierenden. Dies wirft Fragen darüber auf, wie diese Daten verwaltet werden und wer darauf Zugriff hat. Bildungseinrichtungen, Lehrkräfte und Studierende müssen sich dieser Risiken bewusst sein und Maßnahmen ergreifen, um sicherzustellen, dass private Informationen vor unbefugtem Zugriff geschützt sind.

Eine weitere Herausforderung besteht darin, die Qualifikationslücke zu schließen. Mit der Weiterentwicklung der KI-Technologie steigt der Bedarf an Fachkräften mit Spezialkenntnissen in Bereichen wie KI-Entwicklung, Datenwissenschaft und maschinellem Lernen. Allerdings ist das

Bildungsangebot in diesen Bereichen möglicherweise nicht für alle gleichermaßen zugänglich. Dies kann zu Ungleichheiten innerhalb der Belegschaft führen, wobei einige Arbeitnehmer einen Wettbewerbsvorteil erlangen, während andere zurückbleiben. Um dieser Herausforderung gerecht zu werden, müssen Bildungssysteme und Arbeitgeber dem gleichberechtigten Zugang zu KI-bezogener Bildung und Ressourcen Priorität einräumen, um sicherzustellen, dass alle die Chance haben, in einem sich schnell verändernden Prozessmarkt erfolgreich zu sein.

KI-gestütztes Lernen verändert sowohl das Bildungswesen als auch die Arbeitswelt, indem es personalisierte Lernberichte ermöglicht und die Lernleistung verbessert. Es bietet zwar große Vorteile bei der Vorbereitung der Studierenden auf den zukünftigen Arbeitsmarkt, bringt aber auch Herausforderungen mit sich, insbesondere im Hinblick auf Personalverlagerung, Informationssicherheit und den Zugang zu spezialisierter Bildung. Die Zukunft von Bildung und Beruf wird davon abhängen, wie gut sich die Gesellschaft an diese Veränderungen anpasst, KI in die Ausbildung integriert und gleichzeitig sicherstellt, dass die Mitarbeiter flexibel, professionell und bereit für die Anforderungen der digitalen Wirtschaft bleiben.

7.3 Investitionen in Bildung und technologische Infrastruktur

Mit der steigenden Nachfrage nach KI-Integration im Bildungswesen steigt auch der Bedarf an erheblichen Investitionen in die technologische Infrastruktur. Um ein Umfeld zu schaffen, in dem KI die Bildung wirklich verändern kann, müssen sich Bildungseinrichtungen, Regierungen und der Privatsektor für die Entwicklung der notwendigen technologischen Grundlagen einsetzen. Diese Infrastruktur umfasst Hochgeschwindigkeitsinternetzugang, Cloud Computing, Datenspeicherlösungen und KI-Softwareplattformen.

Die Herausforderung besteht darin, sicherzustellen, dass diese Technologien nicht nur verfügbar, sondern auch für alle Schülerinnen und Schüler zugänglich sind, unabhängig von ihrem geografischen Standort oder ihrer wirtschaftlichen Situation. Investitionen in die technologische Infrastruktur überbrücken die digitale Kluft und stellen sicher, dass auch unterversorgte Gemeinden und Institutionen von den Fortschritten der KI profitieren können. Dies erfordert einen strategischen Fokus darauf, Bildungstechnologien erschwinglicher und skalierbarer zu machen und gleichzeitig Innovationen in der Software- und Hardwareentwicklung voranzutreiben.

Darüber hinaus müssen Bildungseinrichtungen bereit sein, ihre technologischen Ressourcen ständig zu aktualisieren. KI-

Technologien entwickeln sich rasant weiter. Um wettbewerbsfähig zu bleiben, müssen Bildungssysteme stets einen Schritt voraus sein und kontinuierlich in die neuesten Tools und Software investieren, die effektive, personalisierte Lernerfahrungen ermöglichen.

Neben der technologischen Infrastruktur spielt auch die Finanzierung KI-gestützter Bildungsprogramme eine zentrale Rolle bei der Förderung von Innovationen in diesem Bereich. Regierungen, private Unternehmen und philanthropische Organisationen müssen in Forschung und Entwicklung (F&E) investieren, um KI-Modelle speziell für Bildungszwecke zu entwickeln. Diese Investitionen gewährleisten die Entwicklung von Tools, die den vielfältigen Bedürfnissen von Lernenden und Lehrenden gerecht werden.

Darüber hinaus sind Mittel für Pilotprogramme erforderlich, die KI-Technologien in realen Bildungsumgebungen testen. Diese Programme können als Testfeld für die potenziellen Auswirkungen von KI dienen und Pädagogen und politischen Entscheidungsträgern helfen zu verstehen, was funktioniert, was nicht und wo weiterer Innovationsbedarf besteht. Durch Investitionen in diese Programme können Interessengruppen den Weg für eine breite Einführung von KI im Bildungswesen ebnen.

Es ist außerdem wichtig, Mittel für die Schulung von Lehrkräften und Verwaltungsangestellten im effektiven Einsatz von KI-Technologien bereitzustellen. Dies erfordert Investitionen in die berufliche Weiterbildung und kontinuierliche Lernmöglichkeiten, die Lehrkräften die notwendigen Fähigkeiten vermitteln, um sich in der sich entwickelnden Landschaft des KI- gestützten Unterrichts zurechtzufinden. Schulungsprogramme stellen sicher, dass Lehrkräfte nicht nur Technologie nutzen, sondern sich aktiv an der Entwicklung und Integration von KI-Tools in den Lehrplan beteiligen.

Der Aufbau einer robusten technologischen Infrastruktur für KI im Bildungswesen kann nicht allein vom öffentlichen oder privaten Sektor getragen werden. Die Zusammenarbeit zwischen beiden ist entscheidend für nachhaltigen Fortschritt. Öffentlich-private Partnerschaften können es Institutionen ermöglichen, Fachwissen, Finanzmittel und Innovationen so zu nutzen, dass alle Beteiligten davon profitieren.

Regierungen können große Technologieinfrastrukturprojekte und politische Initiativen finanzieren, die die Integration von KI in Bildungssysteme fördern. Unternehmen des privaten Sektors, insbesondere Technologiefirmen, bringen hingegen das technische Know-how und die modernsten KI-Lösungen mit, die den Implementierungsprozess vorantreiben können. So können beispielsweise Partnerschaften mit großen Technologieunternehmen Bildungseinrichtungen Zugang zu

KI-Tools wie Lernmanagementsystemen verschaffen, die sich bereits als effektiv erwiesen haben.

Darüber hinaus können diese Kooperationen wichtige Themen wie den Zugang zu Technologie in Entwicklungsregionen angehen. Unternehmen des privaten Sektors können Initiativen unterstützen, die Schulen in unterversorgten Gebieten mit der notwendigen Hardware, Software und Schulungen ausstatten und so sicherstellen, dass KI-Technologien allen Schülern und Lehrkräften unabhängig von ihrem sozioökonomischen Hintergrund zur Verfügung stehen.

Während sofortige Investitionen für die Integration von KI in die Bildung unerlässlich sind, ist langfristige Nachhaltigkeit ebenso wichtig. Der rasante technologische Wandel bedeutet, dass heute getätigte Investitionen innerhalb weniger Jahre überholt sein könnten, wenn nicht kontinuierlich in die Aktualisierung und Relevanz der Systeme investiert wird.

Um Nachhaltigkeit zu gewährleisten, müssen Bildungseinrichtungen eine langfristige Strategie entwickeln, die die zukünftige Entwicklung von KI-Technologien berücksichtigt. Dazu gehört die Bereitstellung von Mitteln für regelmäßige System-Upgrades, die Einführung eines Modells der kontinuierlichen Verbesserung und die Förderung eines innovations- und anpassungsfördernden Umfelds. Bildungssysteme müssen zudem die Gesamtbetriebskosten von

KI-Technologien berücksichtigen, die Wartung, Updates und die Integration neuer Funktionen im Laufe der Zeit umfassen.

Darüber hinaus müssen im Rahmen der technologischen Infrastruktur kontinuierlich in Datensicherheit und Datenschutz investiert werden. Angesichts der zunehmenden Nutzung von KI-Systemen zur Erfassung und Analyse von Studierendendaten ist die Gewährleistung der Sicherheit und Vertraulichkeit dieser Informationen von größter Bedeutung. Institutionen müssen in robuste Cybersicherheitsmaßnahmen, Verschlüsselungstechnologien und die Einhaltung von Datenschutzgesetzen investieren, um sich vor Datenlecks und unbefugtem Zugriff zu schützen.

Investitionen in Bildungstechnologie und -infrastruktur sind entscheidend, um das volle Potenzial von KI im Bildungswesen auszuschöpfen. Regierungen, private Unternehmen und Bildungseinrichtungen müssen zusammenarbeiten, um die technologische Infrastruktur für KI-gestütztes Lernen aufzubauen und zu erhalten. Dazu gehört die Finanzierung von KI-Forschung und -Entwicklung, die Unterstützung der Lehrerausbildung und die Gewährleistung langfristiger Nachhaltigkeit. Durch diese Investitionen können die Beteiligten ein Bildungsökosystem schaffen, das nicht nur effizienter, sondern auch inklusiver und zugänglicher ist und Studierende auf die Herausforderungen des zukünftigen Arbeitsmarktes vorbereitet.

7.4. Finanzierungsmodelle für die Integration von KI in die Bildung

Die Integration Künstlicher Intelligenz (KI) in die Ausbildung verspricht bahnbrechende Veränderungen und ermöglicht personalisiertes Lernen, effizientes Management und erweiterten Zugang. Der Einsatz von KI-Technologie im großen Maßstab erfordert jedoch eine ausreichende und nachhaltige Finanzierung. Die Sicherung und Verwaltung dieser finanziellen Ressourcen ist eine komplexe Aufgabe, die mit verschiedenen Interessengruppen, konkurrierenden Prioritäten und unterschiedlichen Kapazitäten in verschiedenen Bereichen und Institutionen verbunden ist.

In der Vergangenheit wurden Bildungsinvestitionen überwiegend aus öffentlichen Mitteln finanziert, ergänzt durch private Zuwendungen, philanthropische Zuschüsse und Studiengebühren. Die Einführung von KI führt jedoch zu neuen Gebührensystemen, darunter Gebühren für Hardware-Infrastruktur, Softwarelizenzen, Datenmanagement, Mitarbeiterschulungen und fortlaufende Wartung. Diese Kosten können insbesondere für unterfinanzierte Hochschulen und Entwicklungsländer unerschwinglich sein und erfordern daher vielfältige und flexible Finanzierungsmechanismen.

Ein gängiges Modell ist die staatliche Finanzierung. Dabei stellen nationale oder lokale Behörden spezielle Budgets bereit, um die KI-Einführung im öffentlichen Bildungssystem zu fördern. Regierungen können zusätzlich Innovationsbudgets, Pilotprogramme oder landesweite KI-Strategien einrichten, die der Bildung Priorität einräumen. Dieser zentralisierte Ansatz ermöglicht eine koordinierte Einführung, Standardisierung und gerechte Verteilung der Ressourcen. Öffentliche Finanzierung signalisiert zudem oft politisches Engagement und fördert die Beteiligung privater Kreise. Bürokratische Hürden, konkurrierende Prioritäten und Budgetgrenzen können jedoch die Umsetzung verlangsamen und die Reaktion auf lokale Wünsche einschränken.

Öffentlich-private Partnerschaften (ÖPP) haben sich als wirksames Instrument für Investitionen in KI im Bildungsbereich erwiesen. Im Rahmen von ÖPP-Vereinbarungen arbeiten Regierungen mit Technologieunternehmen, Start-ups und gemeinnützigen Organisationen zusammen, um KI-Projekte gemeinsam voranzutreiben und zu finanzieren. Diese Partnerschaften nutzen Fachwissen, Innovationskraft und finanzielle Ressourcen des jeweiligen Fachgebiets und orientieren sich gleichzeitig an den Bedürfnissen der öffentlichen Bildung. So können Technologieunternehmen KI-Systeme beispielsweise zu ermäßigten Preisen oder als praxisnahe Unterstützung anbieten, während Regierungen Infrastruktur und regulatorische Rahmenbedingungen bereitstellen. ÖPP können die KI-Integration fördern, erfordern aber transparente

Governance- Strukturen, um finanzielle Ziele mit Bildungsgerechtigkeit und Ethik in Einklang zu bringen.

Ein weiterer Wachstumspfad sind philanthropische und gemeinnützige Investitionen. Stiftungen und internationale Unternehmen investieren in KI-Projekte, die den Zugang zu Bildung verbessern und weltweit führen sollen. Zuschüsse von Organisationen wie der Gates Foundation, der UNESCO und der Weltbank zielen häufig auf unterversorgte Bevölkerungsgruppen ab und unterstützen Pilotprogramme, Kompetenzaufbau und Forschung. Diese Mittel können Innovationen fördern und skalierbare, erstklassige Verfahren hervorheben, sind jedoch in der Regel zeitlich begrenzt und von den Prioritäten der Geber abhängig.

Abonnement- und Lizenzmodelle stellen den kommerziellen Ansatz zur Finanzierung von KI-Tools im Bildungsbereich dar. Bildungseinrichtungen oder Neueinsteiger zahlen für den Zugang zu KI-gestützten Systemen, Software oder Diensten, häufig pro Nutzer oder Institution. Dieses Modell unterstützt zwar die kontinuierliche Softwareentwicklung und -pflege, gefährdet aber einkommensschwache Schulen oder Studierende, die sich die Kosten nicht leisten können, was potenziell die Bildungsungleichheit verschärft. Um dies zu mildern, können gestaffelte Preise, Freemium-Modelle oder institutionelle Zuschüsse eingesetzt werden.

Neue Ansätze erforschen zudem Crowdfunding und Netzwerkfinanzierung. Dabei leisten Pädagogen, Eltern und lokale Akteure einen finanziellen Beitrag, um die KI-Einführung an ihren Schulen zu unterstützen. Diese Initiativen sind zwar meist bescheiden, können aber die Netzwerkbeteiligung fördern und sicherstellen, dass KI-Tools eng mit den lokalen Bildungsprioritäten harmonieren.

Der Aufstieg ergebnisorientierter Investitionen (Impact-Investments) führt leistungsbezogene Finanzierungsmechanismen ein. In diesem Modell stellen Investoren Vorabkapital für KI-Lernprojekte bereit, wobei die Rendite vom Erreichen vordefinierter Lernziele abhängt, wie z. B. einer Verbesserung der Alphabetisierungsraten oder des Schülerengagements. Dieser Ansatz richtet Anreize auf Effektivität und Innovation aus, erfordert aber robuste Kennzahlen und klare Bewertungsrahmen.

Um die Investitionen langfristig aufrechtzuerhalten, sind Investitionen in Kapazitätsaufbau und Ausbildung unerlässlich. Die Vermittlung von KI-Kompetenzen und technischen Fähigkeiten an Lehrkräfte und Führungskräfte stellt sicher, dass wirtschaftliche Vorteile effektiv umgesetzt werden. Regierungen und Geldgeber erkennen zunehmend, dass Investitionen in Humankapital ebenso wichtig sind wie die Beschaffung von Technologien.

Darüber hinaus können Open-Source- und kollaborative Entwicklungsmodelle Kosten senken und die Zugänglichkeit verbessern. Durch die Bündelung von Ressourcen und Informationen schaffen Bildungseinrichtungen und Entwickler KI-Tools, die frei verfügbar, anpassbar und an unterschiedliche Kontexte anpassbar sind. Die Finanzierung solcher Projekte basiert häufig auf kombinierten Modellen wie Geschenken, Spenden und institutionellen Zuwendungen.

Schließlich erfordert eine gerechte KI-Integration gezielte Investitionen, um die digitale Kluft zu überbrücken. Investitionen in Infrastruktur, Breitbandzugang und die Bereitstellung von Tools sind Voraussetzungen für die Einführung von KI, insbesondere in ländlichen oder marginalisierten Gemeinden. Ohne eine solche grundlegende Unterstützung besteht die Gefahr, dass sich die Vorteile der KI auf bereits privilegierte Gruppen konzentrieren.

Effektive Investitionen in die Integration von KI in die Schulbildung erfordern einen vielschichtigen Ansatz, der öffentliche Verantwortung, persönliche Innovation, philanthropische Großzügigkeit und Netzwerkengagement in Einklang bringt. Transparente Governance, faire Verteilung und kontinuierliche Bewertung sind wichtig, um die Wirkung finanzieller Investitionen zu maximieren. Durch die Einführung vielfältiger und nachhaltiger Finanzierungsmodelle können die Beteiligten sicherstellen, dass KI-Technologien einen sinnvollen Beitrag zu einer inklusiven und hervorragenden Bildung für alle Anfänger leisten.

KAPITEL 8

KI-gestützte Bildung der Zukunft

8.1 Die Zukunft intelligenter Bildungstechnologien

Die Zukunft intelligenter Bildungstechnologien liegt in der kontinuierlichen Entwicklung und Integration KI-gesteuerter Systeme, die das Lernen personalisieren und sich an die individuellen Bedürfnisse der Schüler anpassen. Diese Systeme werden sich voraussichtlich zu immer ausgefeilteren und intuitiveren Tools entwickeln, die Echtzeit-Feedback liefern, die Leistung der Schüler bewerten und maßgeschneiderte Lernpfade empfehlen können. Mit fortschreitender KI werden intelligente Lernsysteme in der Lage sein, ein breiteres Spektrum an Datenpunkten zu analysieren – von kognitiven Fähigkeiten bis hin zu emotionalen Reaktionen –, um das Lernerlebnis für jeden Schüler zu optimieren.

In den kommenden Jahren werden wir voraussichtlich stärker auf Deep-Learning-Algorithmen zurückgreifen, die Lerninhalte und -strategien kontinuierlich weiterentwickeln können. Diese Systeme werden über statische, vordefinierte Lehrpläne hinausgehen und dynamische Lernerfahrungen bieten, die sich in Echtzeit an Lernfortschritte, Interessen und sogar Herausforderungen der Lernenden anpassen. Dies ermöglicht es Schülern, sich besser auf ihren persönlichen

Lernstil abgestimmt mit Lernmaterialien auseinanderzusetzen und so ihr Lernvermögen und ihr Verständnis zu verbessern.

Intelligente Bildungstechnologien werden zunehmend Augmented Reality (AR) und Virtual Reality (VR) integrieren, um immersive Lernerlebnisse zu schaffen. Diese Technologien haben das Potenzial, Schüler in virtuelle Umgebungen zu versetzen, wo sie mit Inhalten auf eine Weise interagieren können, die weit über den traditionellen Unterrichtsalltag hinausgeht. So können Schüler beispielsweise antike Zivilisationen erforschen, komplexe wissenschaftliche Experimente durchführen oder medizinische Verfahren in virtuellen Räumen üben, die reale Szenarien simulieren.

Zukünftig werden sich KI-gestützte AR und VR nahtlos in Lehrpläne integrieren lassen und kontextbezogenes und erfahrungsbasiertes Lernen ermöglichen. Lehrkräfte können diese Technologien nutzen, um den Unterricht zu verbessern und Schülern durch die 3D-Visualisierung ein besseres Verständnis abstrakter Konzepte zu ermöglichen. Dies ermöglicht ein tieferes und spannenderes Lernerlebnis, insbesondere in Fächern, die von praktischer Erfahrung profitieren, wie Geschichte, Biologie und Ingenieurwissenschaften.

Mit der Weiterentwicklung KI-gestützter Tools wird die Lernanalyse die Zukunft der Bildung entscheidend mitgestalten. Prädiktive Tools können die Erfolgs- oder Misserfolgswahrscheinlichkeit eines Schülers in einem bestimmten Bereich einschätzen und sowohl Schülern als auch Lehrkräften umsetzbare Erkenntnisse liefern. Dies ermöglicht einen proaktiveren Lernansatz, bei dem Interventionen erfolgen können, bevor Schüler den Lernrückstand verlieren.

Darüber hinaus ermöglicht KI-gestützte Lernanalyse eine präzisere Messung von Bildungsergebnissen. Diese Tools bewerten nicht nur die akademische Leistung, sondern erfassen auch emotionale, soziale und verhaltensbezogene Aspekte des Lernens. Dank dieser breiteren Datenbasis können Lehrkräfte die Entwicklung ihrer Schülerinnen und Schüler umfassender verstehen und so fundiertere Entscheidungen treffen und personalisierte Bildungsstrategien entwickeln.

Diese prädiktiven Tools helfen auch dabei, Trends und Muster auf institutioneller Ebene zu erkennen und bieten wertvolle Einblicke in die Wirksamkeit verschiedener Lehrmethoden, Lehrpläne und Technologieimplementierungen. Bildungsverantwortliche können datenbasierte Entscheidungen treffen, die das Lernerlebnis für alle Studierenden verbessern und die Ressourcenverteilung optimieren.

Während sich KI als Kernkomponente intelligenter Bildungstechnologien weiterentwickeln wird, wird die Bildung der Zukunft wahrscheinlich eine stärkere Zusammenarbeit zwischen KI und menschlichen Lehrkräften mit sich bringen, anstatt dass KI Lehrkräfte vollständig ersetzt. In diesem Zukunftsszenario wird KI Lehrkräfte unterstützen, indem sie

Verwaltungsaufgaben automatisiert, personalisierte Lerntools anbietet und datenbasierte Erkenntnisse liefert. So können sich Lehrkräfte stärker auf die Förderung von Kreativität, kritischem Denken und emotionaler Intelligenz ihrer Schüler konzentrieren.

Lehrkräfte werden weiterhin eine entscheidende Rolle bei der Betreuung und Anleitung von Schülern spielen und ihnen die menschliche Verbindung und emotionale Unterstützung bieten, die KI nicht bieten kann. KI wird ihre Fähigkeiten jedoch erweitern, indem sie Echtzeit-Einblicke in den Lernfortschritt der Schüler liefert, individuelle Ressourcen vorschlägt und hilft, Bereiche zu identifizieren, in denen Schüler zusätzliche Unterstützung benötigen. Auf diese Weise wird KI als leistungsstarke Unterstützung für menschliche Lehrkräfte fungieren, deren Effektivität steigern und es ihnen ermöglichen, auf die Bedürfnisse unterschiedlicher Lernender einzugehen.

Die Zukunft der KI im Bildungswesen beschränkt sich nicht nur auf die Bildung in der Grundschule oder an Universitäten. KI wird maßgeblich dazu beitragen, lebenslanges Lernen zu ermöglichen, indem sie Erwachsenen in verschiedenen Karrierephasen zugängliche und flexible Lernmöglichkeiten bietet. KI-gestützte Plattformen werden personalisierte Lernerfahrungen für Menschen ermöglichen, die neue Fähigkeiten entwickeln möchten, sei es für den beruflichen Aufstieg oder die persönliche Bereicherung.

Diese Plattformen bieten On-Demand-Lernen, das auf den individuellen Zeitplan, das Tempo und den bevorzugten Lernstil des Einzelnen zugeschnitten ist. KI-Systeme überwachen und verfolgen zudem den Lernfortschritt und stellen sicher, dass die Lernenden ihre Ziele erreichen. Durch den Einsatz von KI erhalten Einzelpersonen Zugriff auf maßgeschneiderte Lernpfade, die ihren spezifischen Bedürfnissen entsprechen – egal, ob sie sich für einen neuen Job weiterbilden, einem Hobby nachgehen oder sich über die neuesten Branchentrends informieren möchten.

Die Weiterentwicklung intelligenter Bildungstechnologien bringt neue Herausforderungen und ethische Fragen mit sich. Eines der wichtigsten Anliegen ist es, sicherzustellen, dass diese Technologien allen Schülern unabhängig von sozioökonomischem Status oder geografischem Standort zugänglich sind. Es müssen Anstrengungen unternommen werden, um sicherzustellen, dass KI-gestützte Bildungsinstrumente nicht nur verfügbar, sondern auch erschwinglich sind, damit Schüler in unterversorgten Gemeinden die gleichen Chancen haben wie Schüler in privilegierteren Gebieten.

Datenschutz und Datensicherheit bleiben weiterhin oberste Priorität, da KI-Systeme große Mengen an Schülerdaten erfassen und analysieren. Schulen, Behörden und Technologieunternehmen müssen zusammenarbeiten, um

Vorschriften und Best Practices zu entwickeln, die Schülerdaten schützen und gleichzeitig die effektive Funktionsfähigkeit von KI-Systemen gewährleisten. Dazu gehört die Gewährleistung von Transparenz bei der Verwendung von Schülerdaten und die Bereitstellung klarer Richtlinien für den Datenzugriff und die Datenweitergabe.

Die Zukunft intelligenter Bildungstechnologien verspricht eine Revolution in der Art und Weise, wie wir lernen und lehren. KI-gestützte Systeme ermöglichen personalisiertere, adaptivere und immersivere Lernerlebnisse, die Schüler auf eine Weise einbeziehen, die mit traditionellen Bildungsmethoden nicht möglich ist. Durch die Integration von Technologien wie AR, VR und fortschrittlicher Lernanalyse erhalten Lehrkräfte die Werkzeuge, um die vielfältigen Bedürfnisse ihrer Schüler zu erfüllen und sie auf den Erfolg in einer zunehmend komplexen und sich schnell verändernden Welt vorzubereiten. Dabei ist es unerlässlich, die ethischen und barrierefreien Herausforderungen dieser Innovationen zu bewältigen und sicherzustellen, dass KI in der Bildung allen Lernenden gleichermaßen zugutekommt.

8.2 Innovative Modelle in der Bildung mit KI

Eine der innovativsten Anwendungen von KI im Bildungswesen ist die Entwicklung adaptiver Lernsysteme. Diese Systeme nutzen KI-Algorithmen, um die Leistung der Schüler kontinuierlich zu überwachen und Lerninhalte an ihre sich entwickelnden Bedürfnisse anzupassen. Im Gegensatz zu herkömmlichen Einheitsmodellen bieten adaptive Lernsysteme personalisierte Lernerfahrungen und passen Tempo, Schwierigkeitsgrad und Stil des Materials an die Fortschritte und Fähigkeiten jedes Schülers an.

Mit der Weiterentwicklung von KI-Technologien werden adaptive Lernplattformen immer ausgefeilter. Sie nutzen maschinelles Lernen, um Lernlücken, Missverständnisse und Herausforderungen in Echtzeit vorherzusagen und darauf zu reagieren. Durch die Nutzung riesiger Datenmengen ermöglichen KI-gesteuerte adaptive Modelle einen gezielteren Lernansatz und stellen sicher, dass die Schüler die richtigen Inhalte zur richtigen Zeit erhalten. Dieses dynamische System optimiert die Lerneffizienz und die Lernergebnisse, insbesondere für Schüler, die im traditionellen Unterricht Schwierigkeiten haben.

Ein KI-System könnte beispielsweise erkennen, dass ein Schüler Schwierigkeiten mit dem Verständnis eines bestimmten mathematischen Konzepts hat, und ihm zusätzliche Ressourcen wie Übungsaufgaben, Tutorials oder visuelle Hilfsmittel anbieten, um ihn zu unterstützen. Das System würde dann den Unterrichtsplan anpassen, sodass der Schüler Fortschritte machen kann, sobald er die erforderlichen Kenntnisse besitzt. Diese Echtzeit-Anpassung der Inhalte stellt sicher, dass kein Schüler zurückfällt und jeder Lernende individuelle Unterstützung erhält, unabhängig von seinem Lerntempo oder -stil.

Ein weiteres innovatives Modell im Bildungsbereich ist die Integration von KI in projektbasiertes Lernen (PBL). In traditionellen Bildungseinrichtungen ermutigt PBL die Schüler, sich an kollaborativen, realen Projekten zu beteiligen, um kritisches Denken, Problemlösungsfähigkeiten und Teamfähigkeit zu entwickeln. KI kann PBL durch Echtzeit-Feedback und -Unterstützung deutlich verbessern und den Schülern helfen, komplexe Projekte effizienter und effektiver zu bewältigen.

KI-gestützte Tools können die Zusammenarbeit erleichtern, indem sie Teamdynamiken analysieren, Stärken und Schwächen identifizieren und personalisierte Vorschläge für Gruppenaufgaben unterbreiten. Darüber hinaus kann KI Studierenden bei der Verwaltung und Nachverfolgung ihrer Projekte helfen, indem sie Ressourcen empfiehlt, Zeitpläne organisiert und potenzielle Hindernisse anhand früherer Daten vorhersagt. Während Studierende an Projekten arbeiten, kann KI ihren Fortschritt überwachen und ihnen adaptives Feedback geben, um sie durch den Problemlösungsprozess zu führen und so ihre Fähigkeit zu selbstständigem und kreativem Arbeiten zu fördern.

Darüber hinaus kann KI dazu beitragen, die Lücke zwischen theoretischem Wissen und praktischer Anwendung zu schließen, indem sie Simulationen und virtuelle

Umgebungen bietet, in denen Studierende ihre Ideen testen und durch Experimente lernen können. Beispielsweise könnte ein Studierender, der an einem Ingenieurprojekt arbeitet, KI-Tools nutzen, um reale Bedingungen zu simulieren und die Umsetzbarkeit seines Entwurfs zu testen. So erhält er vor der Umsetzung tiefere Einblicke in die Machbarkeit des Projekts. Durch die Integration von KI in projektbasiertes Lernen können Studierende sinnvollere, praxisorientierte Lernerfahrungen machen, die die Komplexität der realen Welt widerspiegeln.

KI kann auch bei der Gamifizierung eine entscheidende Rolle spielen, einer immer beliebteren Methode, Schüler zum aktiven Lernen zu motivieren. Durch die Integration spielerischer Elemente wie Punktevergabe, Belohnungen und Herausforderungen kann KI das Lernen interaktiver und unterhaltsamer gestalten. KI-gestützte Lernspiele können den Lernfortschritt eines Schülers bewerten und die Herausforderungen entsprechend anpassen. So wird sichergestellt, dass die Schüler angemessen gefordert werden und gleichzeitig Frustration durch zu schwierige Aufgaben vermieden wird.

Gamifizierte Lernerfahrungen mit KI-Unterstützung können besonders in Fächern wie Mathematik, Sprachen und MINT hilfreich sein, da Schüler dort oft von interaktiver Problemlösung profitieren. KI kann den Schwierigkeitsgrad von Herausforderungen an die Echtzeitleistung anpassen und so den Lernprozess dynamischer und spannender gestalten. Im Laufe des Spiels können Schüler Belohnungen erhalten, neue Level freischalten und sofortiges Feedback zu ihren Fortschritten erhalten. All das motiviert sie, weiter zu lernen und sich zu verbessern.

Darüber hinaus können KI-gestützte Spiele sofortiges Feedback zu Fehlern geben, Schülern helfen, ihre Fehler zu verstehen und Verbesserungsvorschläge zu unterbreiten. Diese sofortige Korrektur ermöglicht es Lernenden, schwierige Konzepte schnell zu verstehen und verhindert die Verstärkung falscher Methoden. Durch die Einbindung von KI in die Gamifizierung können Pädagogen hochinteressante und effektive Lernumgebungen schaffen, die unterschiedlichen Lernstilen gerecht werden und die Motivation der Schüler steigern.

Kollaborative Lernmodelle, bei denen Schüler gemeinsam Probleme lösen und Wissen austauschen, können durch KI-Technologien erheblich verbessert werden. KI kann die Zusammenarbeit erleichtern, indem sie Schüler mit Gleichaltrigen mit ähnlichen Interessen, Lernstilen oder Stärken verbindet und so ein Netzwerk von Lernenden schafft, die sich gegenseitig unterstützen können. KI-Systeme können außerdem Gruppeninteraktionen überwachen, Beiträge bewerten und Feedback zur Teamdynamik geben. So wird sichergestellt, dass jeder Schüler aktiv beteiligt ist und effektiv lernt.

Darüber hinaus kann KI das Feedback von Mitschülern unterstützen, indem sie die Arbeit der Studierenden analysiert und Verbesserungsvorschläge unterbreitet. Beispielsweise könnte ein KI-System den Aufsatz eines Studierenden bewerten und Verbesserungspotenziale wie Grammatik, Struktur oder Argumentation hervorheben, bevor der Studierende ihn seinen Mitschülern vorstellt. So können sich Studierende auf konstruktives, qualitativ hochwertiges Feedback konzentrieren, anstatt Zeit mit Kleinigkeiten zu verschwenden, die von KI leicht korrigiert werden können. Im Gegenzug können Studierende ihre Arbeit verfeinern, Vorschläge von Mitschülern berücksichtigen und ihr Lernerlebnis insgesamt verbessern.

Darüber hinaus ermöglichen KI-gestützte Plattformen eine asynchrone Zusammenarbeit, bei der Studierende von verschiedenen Standorten und aus verschiedenen Zeitzonen gemeinsam an Projekten arbeiten, Ressourcen teilen und Feedback geben können, ohne durch geografische oder zeitliche Einschränkungen eingeschränkt zu sein. Dies fördert eine globale Lerngemeinschaft, die interkulturelles Verständnis und den Ideenaustausch fördert und Studierende auf eine globalisierte Welt vorbereitet.

Mit der Weiterentwicklung der KI könnten wir die Entwicklung vollständig autonomer Lernumgebungen erleben, in denen Schüler mit minimalem Eingriff menschlicher Lehrkräfte selbstständig lernen können. Diese Umgebungen würden KI nutzen, um die Schüler durch den Lernprozess zu führen und ihnen maßgeschneiderte Ressourcen, Bewertungen und Feedback zu bieten, ohne dass die Lehrkraft ständig eingreifen muss.

In einer autonomen Lernumgebung würde KI Tempo, Struktur und Inhaltsvermittlung steuern und sich in Echtzeit an die individuellen Bedürfnisse jedes Schülers anpassen. Schüler könnten an interaktiven Lektionen teilnehmen, an virtuellen Klassenzimmern teilnehmen und personalisierte Empfehlungen für ihr weiteres Lernen erhalten. KI würde zudem kontinuierlich den Lernfortschritt verfolgen und sicherstellen, dass die Schüler ihre Lernziele erreichen.

Autonome Lernumgebungen könnten zwar beispiellose Flexibilität bieten, erfordern aber eine sorgfältige Implementierung, um sicherzustellen, dass die Schüler nicht abgehängt oder isoliert werden. KI müsste so konzipiert sein, dass sie emotionale und soziale Unterstützung bietet und trotz des Fehlens eines traditionellen Klassenzimmers ein Gefühl der Verbundenheit und des Engagements fördert. Darüber hinaus würden die Schüler weiterhin von regelmäßiger menschlicher Interaktion profitieren, sei es durch Mentoring, gemeinsame

Projekte oder gelegentliche persönliche Treffen, was einen ausgewogenen Lernansatz gewährleistet.

Innovative, KI-gestützte Bildungsmodelle haben das Potenzial, das Lernerlebnis grundlegend zu verändern. Von adaptiven Lernsystemen, die Inhalte personalisieren, bis hin zu KI-gestütztem projektbasiertem Lernen, Gamification und kollaborativen Modellen kann KI ansprechendere, effizientere und effektivere Lernerlebnisse schaffen. Diese Technologien unterstützen nicht nur einzelne Lernende, sondern fördern auch die Zusammenarbeit und das Lernen unter Gleichgesinnten und bereiten Studierende auf den Erfolg in einer vernetzten, sich schnell verändernden Welt vor. Bei der Weiterentwicklung dieser Modelle ist es jedoch wichtig, die Leistungsfähigkeit der KI mit dem Bedürfnis nach menschlicher Verbindung in Einklang zu bringen und sicherzustellen, dass Technologie die menschlichen Elemente der Bildung ergänzt, anstatt sie zu ersetzen.

8.3 KI und menschliche Lehrkräfte im Bildungswesen: Zusammenarbeit für die Zukunft

Trotz der rasanten Fortschritte in der KI bleibt die Rolle menschlicher Lehrkräfte für die Gestaltung des Bildungserlebnisses entscheidend. KI kann den Unterrichtsprozess unglaublich effektiv unterstützen und verbessern, wird menschliche Lehrkräfte aber wahrscheinlich nicht vollständig ersetzen. Vielmehr wird die Zukunft der Bildung wahrscheinlich von der Zusammenarbeit zwischen KI-Systemen und menschlichen Lehrkräften geprägt sein, wobei sich beide Systeme gegenseitig ergänzen.

Menschliche Lehrkräfte bringen Empathie, Kreativität und kritisches Denken in den Unterricht ein – Eigenschaften, die KI, egal wie fortschrittlich, nicht nachbilden kann. Lehrkräfte sind zudem in der Lage, die emotionale und soziale Dynamik der Schüler zu verstehen und ihnen Anleitung und Mentoring zu bieten, die deren persönliches Wachstum fördern. Die menschliche Note in der Bildung ist unersetzlich, wenn es darum geht, Beziehungen aufzubauen, soziale Kompetenzen zu fördern und Schüler durch komplexe moralische und ethische Diskussionen zu führen. In diesen Bereichen kann KI Daten und Unterstützung liefern, das differenzierte Verständnis eines menschlichen Lehrers jedoch nicht vollständig ersetzen.

In einem KI-gestützten Klassenzimmer werden Lehrkräfte wahrscheinlich eine strategischere Rolle als Lernbegleiter übernehmen. Sie führen Schüler durch personalisierte Lernpfade, interpretieren KI-generierte Erkenntnisse und bieten emotionale und intellektuelle Unterstützung, die Motivation und Durchhaltevermögen fördert. Lehrkräfte werden KI-Tools nutzen, um Lernlücken zu identifizieren, Fortschritte zu verfolgen und Inhalte an die individuellen Bedürfnisse jedes Schülers anzupassen. Indem KI

Lehrkräfte von administrativen Aufgaben befreit, können sie sich stärker auf die intellektuellen und sozialen Aspekte des Unterrichts konzentrieren.

In der kollaborativen Zukunft der Bildung wird KI auch als persönlicher Assistent für Lehrkräfte fungieren und ihnen wertvolle Einblicke und Echtzeitdaten über die Lernfortschritte ihrer Schüler liefern. KI-Systeme können große Mengen an Schülerdaten analysieren und personalisierte Berichte erstellen, die Bereiche hervorheben, in denen Schüler besonders gut oder schwächer sind. So können Lehrkräfte sich auf Schüler konzentrieren, die zusätzliche Unterstützung benötigen, und gleichzeitig individuelle Leistungen anerkennen und würdigen.

KI kann auch bei administrativen Aufgaben wie Benotung, Unterrichtsplanung und Stundenplangestaltung unterstützen. Beispielsweise können KI-Tools Multiple-Choice-Tests, Aufsätze oder sogar Projekte automatisch benoten, sodass Lehrkräfte mehr Zeit haben, sich auf qualitativ hochwertigen Unterricht und die Interaktion mit den Schülern zu konzentrieren. KI-gestützte Analysen können Trends in der Schülerleistung erkennen und ermöglichen Lehrkräften, datenbasierte Entscheidungen zur Anpassung ihrer Lehrmethoden und -strategien zu treffen.

Darüber hinaus können KI-Tools Lehrkräften helfen, über die neuesten Entwicklungen im Bildungsbereich auf dem Laufenden zu bleiben, indem sie neue Ressourcen,

Lehrmethoden und Tools vorschlagen, die zu ihrem Lehrplan passen. So können Lehrkräfte ihre Ansätze kontinuierlich weiterentwickeln und sicherstellen, dass sie ihren Schülern das bestmögliche Lernerlebnis bieten.

Die Zusammenarbeit zwischen KI und menschlichen Lehrkräften wird nicht ohne Herausforderungen sein. Eine der wichtigsten Herausforderungen wird darin bestehen, das richtige Gleichgewicht zwischen Technologie und menschlicher Interaktion zu finden. Ein übermäßiger Einsatz von KI im Unterricht könnte zum Verlust wertvoller menschlicher Kontakte führen, und Schüler könnten das soziale und emotionale Lernen verpassen, das durch die Interaktion mit Lehrkräften und Mitschülern entsteht.

Damit KI den menschlichen Unterricht wirklich ergänzen kann, muss sie durchdacht und strategisch eingesetzt werden. Anstatt Lehrkräfte zu ersetzen, sollte KI als Werkzeug dienen, das ihre Arbeit unterstützt und fördert. Beispielsweise kann KI wiederkehrende Aufgaben wie die Benotung oder das sofortige Feedback zu Aufgaben übernehmen, während sich Lehrkräfte auf die Förderung von kritischem Denken, Kreativität und Zusammenarbeit konzentrieren. Dadurch bleibt mehr Zeit für individuellen Unterricht, Mentoring und emotionale Unterstützung.

Darüber hinaus muss die Implementierung von KI im Unterricht Inklusivität und Vielfalt fördern. KI-Tools sollten so konzipiert sein, dass sie den Bedürfnissen aller Schüler gerecht werden, auch denen mit Behinderungen, Sprachbarrieren oder anderen Herausforderungen. Lehrkräfte können entscheidend dazu beitragen, dass KI so eingesetzt wird, dass alle Schüler profitieren und niemand ausgeschlossen wird.

Um das Potenzial von KI im Unterricht voll auszuschöpfen, müssen Lehrkräfte umfassend darin geschult werden, diese Tools in ihren Unterricht zu integrieren. Weiterbildungsprogramme sind unerlässlich, um Pädagogen das nötige Wissen und die Fähigkeiten für den effektiven Einsatz von KI-Systemen zu vermitteln. Dazu gehört das Verständnis der Möglichkeiten und Grenzen von KI, die Interpretation der von KI-Tools bereitgestellten Daten und Erkenntnisse sowie der Einsatz von KI zur Personalisierung des Unterrichts und zur Schaffung ansprechenderer Lernerlebnisse.

Lehrkräfte müssen zudem geschult werden, um zu erkennen, wann KI nicht die geeignete Lösung ist und wann menschliches Eingreifen notwendig ist. KI kann zwar wertvolle Erkenntnisse liefern, ist aber wichtig zu verstehen, dass sie menschliches Urteilsvermögen, Intuition und Kreativität nicht ersetzt. Lehrkräfte müssen ein kritisches Verständnis für KI und ihre potenziellen Auswirkungen auf die Bildung entwickeln und lernen, diese Werkzeuge ethisch und verantwortungsvoll einzusetzen.

Neben der Schulung von Lehrkräften in KI-Technologien sollten Bildungseinrichtungen eine Kultur der Zusammenarbeit und Innovationsbereitschaft fördern. Lehrkräfte sollten ermutigt werden, mit KI-Tools zu experimentieren und ihre Erfahrungen und Erkenntnisse mit ihren Kollegen zu teilen. Durch die Schaffung eines unterstützenden Umfelds für die KI-Integration können Schulen sicherstellen, dass sich Lehrkräfte befähigt fühlen, neue Lehr- und Lernmethoden zu erkunden.

Mit Blick auf die Zukunft wird sich die Zusammenarbeit zwischen KI und menschlichen Lehrkräften weiterentwickeln. Mit zunehmender Weiterentwicklung von KI-Systemen werden sie eine noch größere Rolle bei der Unterstützung personalisierten Lernens, der Verfolgung des Lernfortschritts und der Bereitstellung von Feedback spielen. Die Rolle des Lehrers wird jedoch weiterhin unverzichtbar bleiben. Lehrer werden weiterhin die emotionalen und intellektuellen Begleiter sein, die Schüler inspirieren, betreuen und ihre soziale und kognitive Entwicklung fördern.

Die Zukunft der Bildung wird durch eine dynamischere und flexiblere Lernumgebung geprägt sein, in der KI und menschliche Lehrkräfte zusammenarbeiten, um den vielfältigen Bedürfnissen der Schüler gerecht zu werden. Diese Zusammenarbeit ermöglicht personalisiertere, effizientere und ansprechendere Lernerfahrungen und hilft den Schülern letztendlich, ihr volles Potenzial auszuschöpfen.

Letztendlich ermöglicht die Partnerschaft zwischen KI und menschlichen Lehrkräften ein ganzheitlicheres und inklusiveres Bildungserlebnis, bei dem Technologie den Lernprozess verbessert, die menschliche Verbindung aber im Mittelpunkt der Bildung bleibt. Durch die Kombination des Besten aus beiden Welten – der Fähigkeiten der KI und der unersetzlichen Qualitäten menschlichen Lehrens – können Lehrkräfte Lernumgebungen schaffen, die Schüler befähigen, in einer zunehmend komplexen und vernetzten Welt erfolgreich zu sein.

8.4. Predictive Analytics und zukünftige Bildungstrends

Predictive Analytics entwickelt sich rasant zu einem Eckpfeiler der Bildungsentwicklung und bietet beispiellose Möglichkeiten, Schülerwünsche zu antizipieren, Lernergebnisse zu optimieren und politische Entscheidungen zu beeinflussen. Durch die Nutzung umfangreicher Datensätze, modernster Algorithmen und maschineller Lernstrategien ermöglicht Predictive Analytics Pädagogen und Institutionen den Übergang von reaktiven zu proaktiven Strategien und gestaltet so die Zukunft des Bildungssystems weltweit mit.

Im Kern geht es bei der prädiktiven Analytik darum, historische und Echtzeitdaten zu sammeln und auszuwerten, um zukünftige Ereignisse oder Verhaltensweisen vorherzusagen. Im Schulwesen bedeutet dies, Daten wie Anwesenheitslisten, Bewertungsergebnisse, Engagement-

Kennzahlen und soziodemografische Statistiken zu nutzen, um Trends zu erkennen und Auswirkungen wie Schülerleistungen, Schulabbruchwahrscheinlichkeit oder Lernalternativen vorherzusagen. Diese Erkenntnisse ermöglichen es Pädagogen, Interventionen maßzuschneidern, Ressourcen effizient einzusetzen und Lehrpläne zu entwickeln, die den Wünschen der Lernenden besser gerecht werden.

Eine der am schnellsten einsetzbaren Anwendungen prädiktiver Analysen sind Frühwarnsysteme, die Schüler erkennen, die Gefahr laufen, zurückzufallen oder die Schule abzubrechen. Durch die Analyse verschiedener Faktoren – wie Noten, Teilnahme und Verhaltenssymptome – können KI-Modelle Anfänger, die zusätzliche Unterstützung benötigen, frühzeitig identifizieren, bevor die Probleme ernst werden. Diese Früherkennung ermöglicht rechtzeitige, gezielte Interventionen wie Nachhilfe, Beratung oder die Einbindung der Eltern und verbessert so die Schulabbruchquote und den schulischen Erfolg.

Prädiktive Analytik ermöglicht auch personalisierte Lernpfade. Durch das Wissen darüber, wie individuelle Studierende auf Lernstrategien und -inhalte reagieren, können KI-Systeme die optimalen Lernsequenzen und -modalitäten für einzelne Neueinsteiger vorhersagen. Diese individuelle Anpassung unterstützt das Engagement, beschleunigt den Lernerfolg und fördert die Motivation. Dies trägt dazu bei, standardisiertes Lernen zu adaptiveren, lernorientierten Modellen zu verlagern.

Auf institutioneller Ebene unterstützt Predictive Analytics die strategische Planung und Optimierung der Unterstützung. Schulen und Universitäten können die Entwicklung der Einschreibungen, den Führungsbedarf und den Personalbedarf prognostizieren und so eine umweltfreundlichere Budgetierung und Planung ermöglichen. Darüber hinaus hilft die Analyse von Alumni-Effekten und Arbeitsmarktstatistiken dabei, die Bildungsangebote an den sich entwickelnden Personalbedarf anzupassen und sicherzustellen, dass die Absolventen über die entsprechenden Fähigkeiten verfügen.

Die Integration von Kennzahlen zum sozial-emotionalen Lernen (SEL) in prädiktive Modelle ist ein neuer Trend, der den Analysebereich über die akademische Gesamtleistung hinaus erweitert. Durch die Überwachung von Indikatoren im Zusammenhang mit intellektueller Fitness, sozialem Engagement und emotionalem Wohlbefinden können KI-Tools die sozio-emotionalen Herausforderungen von Studierenden vorhersagen und unterstützende Maßnahmen anleiten. Dieser ganzheitliche Ansatz berücksichtigt, dass Lernen eng mit emotionalen und psychologischen Faktoren verknüpft ist.

Trotz ihrer vielversprechenden Wirkung wirft der Einsatz von Predictive Analytics im Bildungsbereich erhebliche ethische und praktische Bedenken auf. Die Genauigkeit von Vorhersagen hängt von der Qualität und Repräsentativität der Daten ab; Verzerrungen in Datensätzen können zu unfairen oder diskriminierenden Ergebnissen führen. Transparenz darüber, wie Modelle Vorhersagen treffen und Entscheidungen treffen, ist entscheidend, um das Vertrauen von Studierenden, Eltern und Lehrkräften zu erhalten. Darüber hinaus ist der Schutz der Privatsphäre der Schüler und der Datensicherheit von größter Bedeutung und erfordert strenge Richtlinien und die Einhaltung gesetzlicher Vorschriften.

Eine weitere Herausforderung besteht darin, die Gefahr selbstgefälliger Vorhersagen zu vermeiden. Schüler, die als „gefährdet" eingestuft werden, könnten diese Einschätzungen verinnerlichen, was ihre Motivation und ihr Selbstwertgefühl beeinträchtigen könnte. Lehrkräfte sollten daher datenbasierte Erkenntnisse mit menschlichem Urteilsvermögen und Empathie in Einklang bringen und sicherstellen, dass prädiktive Analysen nicht als Problemlösungsinstrument, sondern als Instrument der Stärkung dienen.

Die Konvergenz von Predictive Analytics mit anderen aufstrebenden Technologien wie natürlicher Sprachverarbeitung, virtueller Realität und adaptiven Lernsystemen wird künftig immer modernere Lernumgebungen schaffen. Diese integrierten Systeme können nun nicht nur Lernverläufe prognostizieren, sondern auch personalisierte Erfahrungen simulieren und

Echtzeitanpassungen ermöglichen, wodurch das Lernen dynamischer und reaktionsschneller wird.

Darüber hinaus kann prädiktive Analytik politische und faire Initiativen steuern, indem sie systemische Ungleichheiten aufzeigt und verborgene Muster im Zusammenhang mit Zugang und Ergebnissen aufdeckt. Politiker können diese Erkenntnisse nutzen, um gezielte Programme zu entwickeln, die Leistungslücken schließen und inklusive Bildung fördern.

Predictive Analytics stellt eine transformative Kraft für die Zukunft der Bildung dar. Indem sie Einblicke in die Bedürfnisse von Schülern, institutionelle Dynamiken und breitere gesellschaftliche Trends ermöglicht, befähigt sie die Beteiligten, fundierte Entscheidungen zu treffen, die Lernerfahrungen und -ergebnisse verbessern. Um ihr Potenzial voll auszuschöpfen, muss Predictive Analytics sorgfältig und unter Berücksichtigung von Ethik, Fairness und menschenorientierten Werten eingesetzt werden. Verantwortungsvoll eingesetzt, wird sie ein wichtiger Katalysator für die Gestaltung einer adaptiven, effektiven und gerechten akademischen Zukunft sein.